El Secreto de los Líderes:

12 claves para alcanzar el éxito en Coaching Ejecutivo

EL SECRETO

DE LOS LÍDERES

12 CLAVES PARA ALCANZAR
EL ÉXITO EN COACHING EJECUTIVO

CARLOS DÍAZ SALAMANCA

@CarlosDíaz
Edición: Saúl Hernández
Correción: Saúl Hernández
Cubierta: Imagen generada por ChatGPT
Primera Edición: Septiembre 2023
38001 Santa Cruz de Tenerife

ISBN: 979-88-620735-3-9

Índice

Introducción

El mundo empresarial y profesional está en constante evolución, exigiendo cada vez más a los líderes y ejecutivos que destaquen en sus roles y alcancen su máximo potencial.

En este contexto, el coaching ejecutivo se presenta como una poderosa herramienta para el crecimiento y desarrollo personal de estos individuos.

En este libro, **El secreto de los Líderes**, exploraremos las 12 claves fundamentales para lograr un proceso de coaching ejecutivo exitoso.

A través de referencias bibliográficas y mediciones respaldadas por expertos, nos sumergiremos en los aspectos esenciales que conforman un proceso de coaching ejecutivo efectivo y transformador.

Comenzaremos con una introducción al coaching ejecutivo, brindando una definición clara y concisa de su importancia en el ámbito empresarial y organizacional.

Descubriremos cómo establecer metas efectivas y ayudar a los clientes a alcanzar su máximo potencial, respaldados por investigaciones sobre la construcción de una teoría del trabajo y la meta.

La identificación de los obstáculos al desempeño será otro elemento crucial que abordaremos.

Aprenderemos cómo ayudar a los clientes a superar los desafíos y obstáculos que puedan estar obstaculizando su crecimiento y éxito profesional.

La comunicación efectiva también será un tema destacado en este libro.

Examinaremos cómo mejorar la interacción entre el coach y el cliente, así como la importancia de la comunicación en la construcción de relaciones sólidas y en el logro de resultados positivos.

Enfoque en las fortalezas individuales será una de las claves fundamentales que analizaremos.

Descubriremos cómo capitalizar las cualidades únicas de cada cliente y cómo esto puede potenciar su desempeño y crecimiento en el ámbito ejecutivo.

El fomento del cambio será otro aspecto crítico que exploraremos.

Aprenderemos cómo ayudar al cliente a avanzar hacia sus metas y objetivos, respaldados por investigaciones sobre la etapa de cambio en la adicción conductual.

La responsabilidad y la evaluación del progreso también serán elementos esenciales que abordaremos en este libro.

Analizaremos cómo mantener al cliente enfocado y responsable, así como la importancia de la evaluación del progreso como componente crítico del coaching ejecutivo.

Prepárate para sumergirte en este viaje emocional y transformador a través de las páginas de **"El Secreto de los Líderes: 12 Claves para alcanzar el éxito en Coaching Ejecutivo"**.

Descubre cómo alcanzar tu máximo potencial y convertirte en un líder excepcional en el mundo empresarial y profesional.

Cap. 1

Introducción al Coaching Ejecutivo: ¿Qué es y para que se utiliza?

Definición de Coaching Ejecutivo

El coaching ejecutivo es un proceso de desarrollo profesional altamente personalizado que tiene como objetivo potenciar el rendimiento y desarrollo de los líderes y directivos en el ámbito empresarial. Se trata de una disciplina en constante evolución que se apoya en una amplia gama de enfoques y metodologías, cada uno de los cuales aporta su propia perspectiva y contribución al proceso.

El enfoque de Grant (2014) en el coaching ejecutivo destaca la importancia de la atención y el significado como fuentes de riqueza emocional en este proceso. Sin embargo, existen otras corrientes y teorías que complementan esta perspectiva y enriquecen nuestra comprensión del coaching ejecutivo. A continuación, exploraremos algunas de estas referencias adicionales que aportan perspectivas valiosas al proceso de coaching ejecutivo.

En su obra "Coaching for Performance" (2009), Whitmore introduce el concepto de "GROW" como un modelo estructurado para el proceso de coaching ejecutivo. El modelo GROW se basa en cuatro etapas clave:

Goal (meta), *Reality* (realidad), *Options* (opciones) y *Will* (voluntad). Este enfoque proporciona un marco claro y sistemático para guiar las conversaciones de coaching y ayudar a los ejecutivos a definir metas, evaluar su situación actual, explorar alternativas y comprometerse con la acción.

Otra referencia relevante en el ámbito del coaching ejecutivo es el trabajo de Goldsmith y Lyons en su libro "Coaching for Leadership: Writings on Leadership from the World's Greatest Coaches" (2015). En esta obra, se recopilan diversos ensayos de reconocidos coaches ejecutivos que comparten su visión y experiencia en el campo. Estos escritos abarcan una amplia gama de temas, desde la gestión del cambio y el liderazgo transformacional hasta la construcción de equipos de alto rendimiento y el desarrollo de la inteligencia emocional.

Un enfoque particularmente interesante es el enfoque narrativo en el coaching ejecutivo. Autores como Drake (2013) y Denning (2011) han explorado cómo las historias y narrativas personales pueden desempeñar un papel fundamental en el proceso de coaching. Al alentar a los ejecutivos a reflexionar sobre su historia y a construir nuevas narrativas que refuercen su identidad y fortalezas, se les brinda una oportunidad única de transformación y crecimiento.

Además, el campo del coaching ejecutivo se nutre de diversas disciplinas y enfoques, como la psicología positiva, la neurociencia y la teoría de sistemas, que proporcionan fundamentos teóricos sólidos y aportan una comprensión más profunda del proceso de coaching y su impacto en el rendimiento y bienestar de los ejecutivos.

En conclusión, si bien el enfoque de Grant (2014) resalta la atención y el significado como fuentes de riqueza emocional en el coaching ejecutivo, existen numerosas referencias bibliográficas que enriquecen nuestra comprensión del proceso. Los enfoques como el modelo GROW, el enfoque narrativo y las contribuciones de reconocidos coaches ejecutivos proporcionan perspectivas valiosas y herramientas prácticas para el desarrollo y éxito de los líderes en el entorno empresarial. Al integrar estos diferentes enfoques, los coaches ejecutivos pueden ofrecer un proceso de acompañamiento más completo y efectivo, ayudando a los ejecutivos a alcanzar su máximo potencial y lograr resultados significativos en su vida profesional y personal. Importancia del Coaching Ejecutivo.

1. La importancia del proceso de coaching Ejecutivo

El coaching ejecutivo ha adquirido una importancia fundamental en el ámbito empresarial debido a su capacidad para generar un impacto positivo tanto en los individuos como en las organizaciones. A continuación, exploraremos con mayor detalle algunas de las razones que respaldan su relevancia.

1.1. Desarrollo de habilidades de liderazgo

El coaching ejecutivo se enfoca en el desarrollo de habilidades de liderazgo, ayudando a los ejecutivos a fortalecer sus capacidades para influir, motivar y dirigir a sus equipos de manera efectiva. A través del proceso de coaching, los líderes pueden identificar y trabajar en áreas de mejora, adquiriendo las herramientas necesarias para liderar con éxito.

Whitmore (2009) sostiene que el coaching ejecutivo es un catalizador para el crecimiento de los líderes. Les brinda la oportunidad de explorar sus fortalezas y debilidades, descubriendo nuevas formas de liderazgo que les permitan enfrentar los desafíos con confianza y eficacia.

El desarrollo de habilidades de liderazgo es esencial para el éxito de los ejecutivos y para el crecimiento de las organizaciones. Un liderazgo efectivo implica la capacidad de inspirar, motivar y guiar a los miembros del equipo hacia el logro de metas comunes.

1.2. Mejora del rendimiento y resultados

El coaching ejecutivo tiene como objetivo mejorar el rendimiento de los ejecutivos, lo que a su vez se traduce en mejores resultados para la organización. Al ayudar a los líderes a desarrollar su potencial y superar obstáculos, el coaching ejecutivo contribuye a maximizar el rendimiento individual y colectivo.

La investigación realizada por Jones et al. (2016) destaca que el coaching ejecutivo puede generar un impacto significativo en el rendimiento y la productividad de los líderes. A través de la identificación de metas claras, el desarrollo de planes de acción y el seguimiento sistemático, los líderes pueden experimentar mejoras tangibles en su desempeño y en los resultados de sus equipos.

El coaching ejecutivo no solo se centra en la mejora de habilidades técnicas y profesionales, sino también en el desarrollo de competencias emocionales e interpersonales. Esto permite a los líderes desplegar todo su potencial y lograr un desempeño sobresaliente en su rol.

1.3. Impulso al crecimiento personal y profesional

El coaching ejecutivo proporciona un espacio seguro y confidencial para que los ejecutivos reflexionen sobre su carrera, establezcan metas y tracen un plan de acción para su crecimiento personal y profesional. A través del coaching, los líderes pueden explorar nuevas perspectivas, descubrir su propósito y desarrollar una visión clara de su futuro.

En su libro "Coaching for Performance" (2009), Whitmore sostiene que el coaching ejecutivo permite a los líderes ampliar su conciencia y comprensión de sí mismos, lo que les brinda la oportunidad de alcanzar un mayor nivel de autenticidad y satisfacción en su vida personal y profesional.

El crecimiento personal y profesional es un proceso continuo que implica la adquisición de nuevas habilidades, la superación de obstáculos y la exploración de nuevas oportunidades. El coaching ejecutivo facilita este proceso al proporcionar apoyo, orientación y herramientas para el desarrollo y el logro de metas.

1.4. Gestión del cambio y adaptabilidad

En un entorno empresarial en constante cambio, la capacidad de adaptación es crucial. El coaching ejecutivo ayuda a los líderes a desarrollar habilidades de gestión del cambio, a manejar la incertidumbre y a liderar con eficacia en situaciones de transformación organizativa.

Según Boyatzis et al. (2015), el coaching ejecutivo puede desempeñar un papel fundamental en la preparación de los líderes para el cambio. A través del proceso de coaching, los líderes pueden desarrollar competencias como la resiliencia, la flexibilidad y la capacidad de aprendizaje continuo, lo que les permite enfrentar los desafíos con mayor confianza y adaptabilidad.

El cambio es una constante en el entorno empresarial actual, y los líderes deben ser capaces de liderar y gestionar eficazmente durante períodos de transformación. El coaching ejecutivo les brinda las herramientas y el apoyo necesarios para enfrentar y aprovechar el cambio de manera constructiva.

1.5. Desarrollo de relaciones y colaboración

El coaching ejecutivo también se enfoca en el desarrollo de relaciones efectivas y colaborativas. Los líderes aprenden a comunicarse de manera más clara, a construir relaciones basadas en la confianza y a fomentar un clima de trabajo positivo y productivo.

En su obra "Coaching: Evoking Excellence in Others" (2003), Flaherty resalta que el coaching ejecutivo promueve una comunicación auténtica y abierta, lo que fortalece la relación entre los líderes y sus colaboradores. Esto, a su vez, fomenta la colaboración, el trabajo en equipo y el logro de objetivos compartidos.

Las relaciones sólidas y colaborativas son fundamentales para el éxito de los líderes y las organizaciones. El coaching ejecutivo proporciona las herramientas y las habilidades necesarias para establecer conexiones significativas, fomentar la confianza y construir equipos de alto rendimiento.

En conclusión, el coaching ejecutivo desempeña un papel fundamental en el desarrollo y éxito de los líderes en el ámbito empresarial. Mediante el desarrollo de habilidades de liderazgo, la mejora del rendimiento, el impulso al crecimiento personal y profesional, la gestión del cambio, y el desarrollo de relaciones y colaboración, el coaching ejecutivo se convierte en una herramienta poderosa para potenciar el rendimiento individual y colectivo, así como el crecimiento y éxito de las organizaciones.

Mediante una combinación de enfoques teóricos y experiencias prácticas, hemos resaltado la importancia del coaching ejecutivo en el desarrollo de habilidades de liderazgo, la mejora del rendimiento, el impulso al crecimiento personal y profesional, la gestión del cambio, y el fortalecimiento de las relaciones y la colaboración.

Referencias bibliográficas:

Boyatzis, R. E., Smith, M. L., & Blaize, N. (2015). Coaching with compassion: Inspiring health, well-being, and development in organizations. Journal of Applied Behavioral Science, 51(4), 1-18.

Flaherty, J. (2003). Coaching: Evoking Excellence in Others. Butterworth-Heinemann.

Grant, A. M. (2014). Attention and meaning: Keys to emotional wealth in executive coaching. Consulting Psychology Journal: Practice and Research, 66(2), 93-106.Jones, R. J., Woods, S. A., & Guillaume, Y. R. (2016). The effectiveness of workplace coaching: A meta-analysis of learning and performance outcomes from coaching. Journal of Occupational and Organizational Psychology, 89(2), 249-277.

Whitmore, J. (2009). Coaching for Performance. Nicholas Brealey Publishing.

Cap 2.

Estableciendo metas efectivas: Cómo ayudar a los clientes a alcanzar su potencial

Una de las funciones principales del coaching ejecutivo es ayudar a los clientes a establecer metas efectivas que les permitan alcanzar su potencial y mejorar su desempeño profesional y personal. Las metas son el punto de partida y el destino de todo proceso de coaching, ya que orientan la acción, la motivación y la evaluación del coachee (cliente).

Las metas son enunciados que describen lo que el coachee quiere lograr, cambiar o mejorar en un determinado ámbito o aspecto de su vida. Las metas pueden ser de corto, mediano o largo plazo, y pueden referirse a diferentes niveles: individual, grupal u organizacional.

Las metas son fundamentales para el desarrollo humano, ya que nos impulsan a superarnos, a aprender, a crecer y a satisfacer nuestras necesidades y aspiraciones. Las metas también nos ayudan a dar sentido y dirección a nuestra existencia, a organizar nuestro tiempo y recursos, a tomar decisiones y a evaluar nuestros resultados.

Sin embargo, no todas las metas son igualmente efectivas. Algunas metas pueden ser demasiado vagas, ambiguas o irreales, lo que dificulta su consecución y genera frustración o desánimo. Otras metas pueden ser demasiado fáciles, rutinarias o irrelevantes, lo que reduce el interés y el desafío. Por eso, es importante establecer metas que cumplan con ciertos criterios de calidad, que las hagan más claras, concretas, alcanzables y motivadoras.

En este sentido, existen diferentes modelos o métodos para establecer metas efectivas. Uno de los más conocidos y utilizados es el método SMART, que propone que las metas sean:

- **Específicas**: Las metas deben ser claras y precisas, sin dejar lugar a dudas o inmedibles: Las metas deben ser cuantificables o verificables, es decir, que se pueda medir el grado de avance o cumplimiento de estas. Deben responder a la pregunta: ¿Cómo sabré que he logrado mi meta?

- **Medibles**: Las metas deben ser cuantificables o verificables, es decir, que se pueda medir el grado de avance o cumplimiento de estas. Deben responder a la pregunta: ¿Cómo sabré que he logrado mi meta?

- **Alcanzables**: Las metas deben ser realistas y posibles de conseguir, teniendo en cuenta los recursos disponibles, las circunstancias y las limitaciones. Deben responder a la pregunta: ¿Es posible lograr mi meta?

- **Relevantes**: Las metas deben ser importantes y significativas para el coachee, es decir, que respondan a sus necesidades, intereses y valores. Deben responder a la pregunta: ¿Por qué quiero lograr mi meta?

- **Temporales**: Las metas deben tener un plazo o fecha límite para su realización, lo que ayuda a generar un sentido de urgencia y compromiso. Deben responder a la pregunta: ¿Cuándo quiero lograr mi meta?

Un ejemplo de una meta efectiva siguiendo el método SMART podría ser: "Quiero aumentar mis ventas en un 20% en los próximos seis meses, mediante la implementación de una estrategia de marketing digital basada en redes sociales y correo electrónico". Otro modelo o método para establecer metas efectivas es el método PURE-CLEAR, que propone que las metas sean:

- **Positivas**: Las metas deben estar formuladas en términos de lo que se quiere lograr y no de lo que se quiere evitar. Deben enfocarse en los beneficios y no en los problemas. Por ejemplo, en vez de decir "No quiero perder clientes", se puede decir "Quiero fidelizar clientes".

- **Comprendidas**: Las metas deben ser entendidas y compartidas por el coachee y el coach, así como por otras personas involucradas o afectadas por las mismas. Deben existir criterios comunes y consensuados para definir y evaluar las metas.

- **Relevantes**: Las metas deben estar alineadas con la visión, la misión y los valores del coachee y de la organización.

- Deben contribuir al desarrollo personal y profesional del coachee y al cumplimiento de los objetivos organizacionales.

- **Éticas**: Las metas deben respetar los principios morales y las normas legales vigentes. Deben ser coherentes con el código deontológico del coaching y con la responsabilidad social y ambiental.

- **Desafiantes**: Las metas deben suponer un reto o un estímulo para el coachee, que le motive a salir de su zona de confort de su zona de confort y a superar sus límites. Deben ser lo suficientemente difíciles como para generar interés y aprendizaje, pero no tanto como para generar ansiedad o frustración.

- **Legales**: Las metas deben cumplir con la legislación y la regulación aplicables al ámbito o sector en el que se desarrollan. Deben evitar cualquier tipo de infracción o sanción que pueda perjudicar al coachee o a la organización.

- **Ecológicas**: Las metas deben tener en cuenta el impacto que pueden tener en el entorno natural y social. Deben promover el cuidado y la preservación de los recursos y el bienestar de las personas y las comunidades.

- **Apropiadas**: Las metas deben ser adecuadas y pertinentes para el coachee, es decir, que se ajusten a sus capacidades, necesidades, intereses y valores. Deben ser congruentes con su identidad, su propósito y su potencial.

- **Registradas**: Las metas deben estar documentadas y registradas por escrito, lo que facilita su seguimiento, evaluación y revisión.

Deben estar disponibles para el coachee y el coach, así como para otras personas involucradas o afectadas por las mismas.

Un ejemplo de una meta efectiva siguiendo el método PURE-CLEAR podría ser: "Quiero mejorar mi habilidad para hablar en público, para poder comunicar mejor mis ideas y proyectos ante diferentes audiencias, de forma clara, convincente y profesional, respetando los tiempos y las normas establecidas, sin sentir nerviosismo ni miedo, en los próximos tres meses".

Como se puede observar, ambos métodos tienen puntos en común, pero también diferencias. Lo importante es que el coach ayude al coachee a elegir el método que mejor se adapte a sus características y preferencias, y que le guíe en el proceso de establecer metas efectivas que le ayuden a alcanzar su potencial.

Referencias bibliográficas:

Di Gaeta, P. (2018). Coaching y la importancia del establecimiento de metas. Recuperado de https://es.linkedin.com/pulse/coaching-y-la-importancia-del-establecimiento-de-metas-pau-la-di-gaeta

Fuste, M. (2018). Herramienta de coaching: Cómo establecer metas. Recuperado de https://www.monicafuste.com/herramienta-de-coaching-como-establecer-metas/

Locke, E.A., & Latham, G.P. (2002). Building a practically useful theory of goal setting and task motivation. American Psychologist, 57(9), 705-717

Cap. 3

Identificación de los obstáculos al desempeño: Cómo ayudar a los clientes a superar los desafíos

En el ámbito del coaching ejecutivo, uno de los aspectos fundamentales es ayudar a los clientes a superar los obstáculos que limitan su desempeño y crecimiento profesional. Estos obstáculos pueden manifestarse de diferentes formas, ya sea a nivel de habilidades, creencias limitantes, patrones de comportamiento o dificultades en la toma de decisiones. En este capítulo, exploraremos la importancia de identificar y abordar los obstáculos al desempeño en el proceso de coaching ejecutivo, así como estrategias efectivas para ayudar a los clientes a superarlos. Los obstáculos son aquellas situaciones, factores o condiciones que dificultan o impiden el logro de las metas o el desarrollo del potencial del coachee (cliente).

Los obstáculos pueden ser de diferentes tipos y niveles, según su origen, naturaleza y alcance. Algunos ejemplos de obstáculos son:

- **Obstáculos externos**: Son aquellos que provienen del entorno o del contexto en el que se desenvuelve el coachee, como, por ejemplo:

la competencia, el mercado, la legislación, la cultura organizacional, el clima laboral, los recursos disponibles, las políticas internas, etc.

- **Obstáculos internos**: Son aquellos que provienen del propio coachee, como, por ejemplo: sus creencias, actitudes, emociones, hábitos, valores, expectativas, miedos, resistencias, etc.

- **Obstáculos interpersonales**: Son aquellos que provienen de la interacción con otras personas, como, por ejemplo: los conflictos, las diferencias, las comunicaciones deficientes, las influencias negativas, las presiones, las demandas, etc.

Los obstáculos pueden afectar negativamente al desempeño del coachee, al generar consecuencias como:

- Bajo rendimiento y resultados insatisfactorios.
- Pérdida de motivación y compromiso.
- Estrés y malestar emocional.
- Frustración y desánimo.
- Bloqueo y estancamiento.
- Falta de confianza y autoestima.

En el artículo *"Los obstáculos al éxito en los negocios y cómo se pueden superar" (Goldsmith & Morgan, 2004)*, se examina la naturaleza de los obstáculos que enfrentan los ejecutivos y líderes en su camino hacia el éxito empresarial. El artículo destaca la importancia de identificar y abordar estos obstáculos para lograr un desempeño óptimo.

En el proceso de coaching ejecutivo, es esencial que el coach sea capaz de ayudar al cliente a identificar y comprender los obstáculos que están afectando su desempeño. Estos obstáculos pueden surgir de diversas fuentes, como limitaciones en las habilidades técnicas, patrones de comportamiento contraproducentes o creencias limitantes que impiden el crecimiento y la toma de decisiones efectivas.

Una de las estrategias efectivas para identificar los obstáculos al desempeño es a través de la autoconciencia. El coach debe guiar al cliente en un proceso reflexivo para que pueda examinar sus fortalezas, debilidades y áreas de mejora. Además, se pueden utilizar herramientas de evaluación, como evaluaciones de 360 grados, para obtener retroalimentación valiosa de diferentes perspectivas. Estas estrategias las desarrollaremos un poco más adelante.

Una vez identificados los obstáculos, es importante abordarlos de manera efectiva. En muchos casos, los obstáculos pueden estar relacionados con patrones de comportamiento arraigados que no son productivos. El coach puede trabajar con el cliente para explorar y desafiar estos patrones, ayudándolo a desarrollar nuevos enfoques y estrategias más efectivas.

En otros casos, los obstáculos pueden estar relacionados con creencias limitantes. El cliente puede tener creencias negativas sobre sí mismo, su capacidad o el entorno en el que opera. El coach puede ayudar al cliente a cuestionar y reevaluar estas creencias, promoviendo un cambio en la perspectiva y fomentando un enfoque más positivo y constructivo.

Además de abordar los obstáculos a nivel individual, es importante considerar el entorno organizacional en el que opera el cliente. El coach puede colaborar con el cliente para identificar y abordar posibles obstáculos estructurales o culturales que puedan estar afectando su desempeño. Esto puede incluir la implementación de cambios organizativos, la gestión de conflictos o el desarrollo de estrategias de influencia y persuasión.

Por eso, es importante que el coach ayude al coachee a identificar y superar los obstáculos que le impiden alcanzar sus objetivos y desarrollar su potencial. Para ello, el coach puede utilizar diferentes estrategias o técnicas, como, por ejemplo:

- **La exploración**: Consiste en indagar sobre la situación actual del coachee, sus objetivos, sus dificultades y sus recursos. El coach puede utilizar preguntas abiertas, poderosas y reflexivas para ayudar al coachee a tomar conciencia de su realidad y de sus posibilidades.

- **La evaluación**: Consiste en analizar los obstáculos que afectan al coachee, su origen, su naturaleza y su impacto. El coach puede utilizar herramientas como el análisis DAFO (Debilidades, Amenazas, Fortalezas y Oportunidades), el análisis causal (¿Por qué? ¿Por qué? ¿Por qué?) o el análisis funcional (Estímulo-Respuesta-Consecuencia) para ayudar al coachee a comprender los obstáculos y sus efectos.

- **La solución**: Consiste en diseñar e implementar un plan de acción para superar los obstáculos y lograr los objetivos. El coach puede utilizar herramientas como el método SMART (Específico, Medible, Alcanzable, Relevante y Temporal), el método GROW (Goal-Meta-, Reality-Realidad-, Options-Opciones-, Will-Voluntad-) o el método SCORE (Symptoms-Síntomas-, Causes-Causas-, Outcomes-Resultados-, Resources-Recursos-, Ecology-Ecología-) para ayudar al coachee a definir sus metas,

- **La motivación**: Consiste en estimular y reforzar la voluntad y el compromiso del coachee para superar los obstáculos y lograr sus objetivos. El coach puede utilizar herramientas como el elogio, el reconocimiento, el feedback positivo, el refuerzo, la celebración, etc.

- **La creatividad**: Consiste en fomentar y facilitar la generación de ideas y soluciones innovadoras y originales para superar los obstáculos y lograr los objetivos. El coach puede utilizar herramientas como el brainstorming, el pensamiento lateral, las analogías, las metáforas, etc.

- **La flexibilidad**: Consiste en promover y desarrollar la capacidad de adaptarse a los cambios y a las circunstancias imprevistas que puedan surgir durante el proceso de superación de los obstáculos y logro de los objetivos. El coach puede utilizar herramientas como el cambio de perspectiva, la redefinición de los problemas, la revisión de las metas, etc.

Estas estrategias o técnicas se pueden combinar y adaptar según las necesidades y características de cada coachee y cada situación. Lo importante es que el coach ayude al coachee a identificar y superar los obstáculos que le impiden alcanzar su potencial y mejorar su desempeño.

Referencias bibliográficas:

Goldsmith M., & Morgan, H. (2004). Los obstáculos al éxito en los negocios y cómo se pueden superar. Journal of Business Strategy, 25(3), 21-24.

Carrillo, A. (2019). 6 consejos de superación personal para llegar a tus objetivos. Recuperado de https://psicologiaymente.com/coach/consejos-superacion-personal

ILC Academy (2022). Coaching resiliente: cómo superar obstáculos gracias al Coaching.

Cap. 4

Identificación de los estilos de aprendizaje: Cómo adaptar el Coaching al cliente

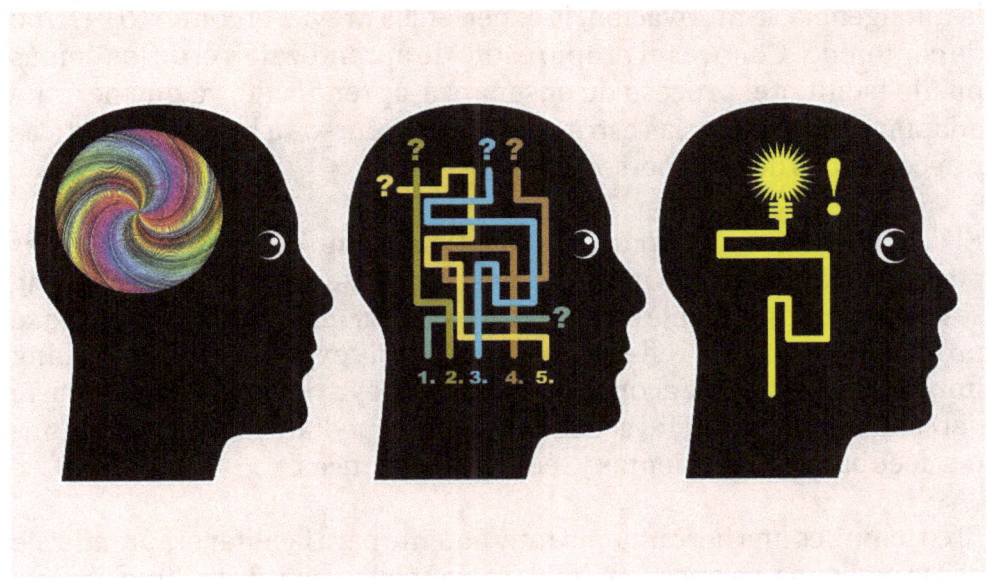

En el ámbito del coaching ejecutivo, es fundamental comprender que cada individuo tiene su propio estilo de aprendizaje, es decir, la forma en que procesa asimila y aplica nueva información. Como coaches, debemos ser conscientes de estos estilos de aprendizaje y adaptar nuestras estrategias de coaching para satisfacer las necesidades individuales de cada cliente. En este capítulo, exploraremos la importancia de identificar los estilos de aprendizaje en el proceso de coaching ejecutivo y cómo podemos adaptar nuestro enfoque para maximizar el aprendizaje y el crecimiento del cliente.

El aprendizaje es un proceso activo y dinámico que implica la adquisición, la comprensión y la aplicación de nuevos conocimientos, habilidades y actitudes. El aprendizaje es fundamental para el desarrollo personal y profesional de las personas, ya que les permite adaptarse a los cambios, resolver problemas, innovar y mejorar su desempeño.

Sin embargo, no todas las personas aprenden de la misma manera ni al mismo ritmo. Cada persona tiene unas preferencias, unas fortalezas y unas debilidades a la hora de aprender, que se conocen como estilos de aprendizaje. Los estilos de aprendizaje son las diferentes formas en que las personas perciben, procesan y retienen la información.

Los estilos de aprendizaje dependen de factores como la personalidad, la inteligencia, la motivación, la experiencia previa, el contexto y el tipo de contenido. Conocer el propio estilo de aprendizaje y el de los demás puede facilitar el proceso de enseñanza-aprendizaje, ya que permite adaptar los métodos, las estrategias y los recursos a las características y necesidades de cada persona.

El coaching es una metodología que tiene como objetivo ayudar a las personas a alcanzar sus metas y a desarrollar su potencial. El coaching se basa en el aprendizaje experiencial, es decir, en el aprendizaje que se produce a partir de la reflexión sobre la propia experiencia. El coaching implica un proceso de acompañamiento, apoyo y orientación por parte del coach (entrenador) al coachee (cliente), mediante el uso de preguntas, feedback, herramientas y técnicas específicas.

El coaching es una herramienta muy potente para facilitar el aprendizaje de las personas, ya que les ayuda a tomar conciencia de su situación actual, a definir sus objetivos, a diseñar un plan de acción, a ayuda a tomar conciencia de su situación actual, a definir sus objetivos, a diseñar un plan de acción, a superar los obstáculos, a evaluar los resultados y a consolidar los cambios. El coaching también fomenta el autoconocimiento, la autoconfianza, la motivación, la responsabilidad y el compromiso del coachee.

Para que el coaching sea efectivo, es importante que el coach conozca el estilo de aprendizaje del coachee y lo tenga en cuenta a la hora de adaptar su intervención. De esta forma, el coach podrá ofrecer al coachee una experiencia de aprendizaje más personalizada, significativa y satisfactoria.

Existen diferentes modelos o teorías para clasificar los estilos de aprendizaje. Uno de los más conocidos y utilizados es el modelo de Kolb, que propone cuatro estilos de aprendizaje basados en dos dimensiones: la percepción (cómo se capta la información) y el procesamiento (cómo se transforma la información). En el libro *"Experiential Learning: Experience as the Source of Learning and Development" (Kolb, 1984)*, se examina el concepto del aprendizaje experiencial y su influencia en el desarrollo individual. Kolb propone un modelo de aprendizaje que se basa en la idea de que el aprendizaje ocurre a través de la experiencia y la reflexión sobre la misma.

Según Kolb, existen cuatro estilos de aprendizaje: el estilo convergente, el estilo divergente, el estilo asimilador y el estilo acomodador. Cada estilo se caracteriza por diferentes formas de procesar y aplicar la información. Es fundamental que los coaches tengan en cuenta estos estilos de aprendizaje al diseñar y facilitar sesiones de coaching.

Adaptación del Coaching al Cliente

La adaptación del coaching al estilo de aprendizaje del cliente implica comprender cómo cada individuo se acerca al aprendizaje y cómo puede aprovecharse al máximo su proceso de desarrollo. A continuación, exploraremos estrategias para adaptar el coaching a diferentes estilos de aprendizaje:

1. Estilo convergente: Es el estilo propio de las personas que perciben la información de forma abstracta y la procesan de forma activa. Son personas prácticas, lógicas y orientadas a la solución de problemas. Prefieren aplicar lo que aprenden a situaciones reales y concretas. Aprenden mejor mediante actividades experimentales, proyectos prácticos, demostraciones y ejercicios.

2. Estilo divergente: Es el estilo propio de las personas que perciben la información de forma concreta y la procesan de forma reflexiva. Son personas creativas, imaginativas e intuitivas. Prefieren explorar diferentes perspectivas y generar ideas originales. Aprenden mejor mediante actividades lúdicas, simulaciones, lluvia de ideas y analogías.

3. Estilo asimilador: Es el estilo propio de las personas que perciben la información de forma abstracta y la procesan de forma reflexiva. Son personas teóricas, analíticas y racionales. Prefieren crear modelos conceptuales y organizar la información en sistemas lógicos. Aprenden mejor mediante actividades lectivas.

4. Estilo acomodador: Es el estilo propio de las personas que perciben la información de forma concreta y la procesan de forma activa. Son personas pragmáticas, intuitivas y orientadas a la acción. Prefieren aprender haciendo y probando cosas nuevas. Aprenden mejor mediante actividades participativas, experimentos, juegos y roles.

Según este modelo, cada persona tiene un estilo de aprendizaje predominante, pero también puede utilizar los otros estilos en función de la situación o el contenido. Además, los estilos de aprendizaje pueden cambiar o evolucionar a lo largo de la vida.

El coach puede identificar el estilo de aprendizaje del coachee mediante diferentes técnicas, como, por ejemplo:

- **La observación**: Consiste en prestar atención al comportamiento, al lenguaje verbal y no verbal, a las preferencias y a las dificultades del coachee durante las sesiones de coaching. El coach puede detectar indicios del estilo de aprendizaje del coachee en función de cómo se expresa, cómo se relaciona, cómo se organiza, cómo resuelve problemas, etc.

- **El cuestionario**: Consiste en aplicar un instrumento estandarizado que evalúa el estilo de aprendizaje del coachee mediante una serie de preguntas o ítems. El coach puede utilizar cuestionarios validados y contrastados, como por ejemplo el Inventario de Estilos de Aprendizaje de Kolb (LSI), que mide las cuatro dimensiones del modelo de Kolb y asigna un estilo de aprendizaje predominante al coachee.

- **La entrevista**: Consiste en realizar una conversación estructurada o semi-estructurada con el coachee para indagar sobre su forma de aprender. El coach puede utilizar preguntas abiertas y poderosas para ayudar al coachee a reflexionar sobre sus experiencias de aprendizaje previas, sus estrategias, sus recursos, sus motivaciones, sus dificultades, etc.

Una vez identificado el estilo de aprendizaje del coachee, el coach puede adaptar su intervención para ofrecerle una experiencia de aprendizaje más adecuada y eficaz. Algunas formas de adaptar el coaching al estilo de aprendizaje del coachee son:

1. Adaptar el lenguaje: El coach puede utilizar un lenguaje que se ajuste al estilo de aprendizaje del coachee, es decir, que utilice las palabras, los conceptos y los ejemplos que le resulten más familiares y comprensibles. Por ejemplo, si el coachee tiene un estilo convergente, el coach puede utilizar un lenguaje más técnico y preciso; si tiene un estilo divergente, puede utilizar un lenguaje más creativo y metafórico; si tiene un estilo asimilador, puede utilizar un lenguaje más teórico y abstracto; si tiene un estilo acomodador, puede utilizar un lenguaje más práctico y concreto.

2. Adaptar las herramientas: El coach puede utilizar las herramientas que se adapten mejor al estilo de aprendizaje del coachee, es decir, que le permitan percibir, procesar y retener la información de la forma más óptima. Por ejemplo, si el coachee tiene un estilo convergente, el coach puede utilizar herramientas como gráficos, tablas o diagramas; si tiene un estilo divergente, puede utilizar herramientas como mapas mentales, dibujos o collages; si tiene un estilo asimilador.

3. Adaptar las actividades: El coach puede proponer al coachee actividades que se adapten mejor a su estilo de aprendizaje, es decir, que le permitan experimentar, reflexionar, pensar y actuar de la forma más adecuada. Por ejemplo, si el coachee tiene un estilo convergente, el coach puede proponerle actividades como resolver casos prácticos, aplicar técnicas o realizar simulaciones; si tiene un estilo divergente, puede proponerle actividades como generar ideas, explorar opciones o crear metáforas; si tiene un estilo asimilador, puede proponerle actividades como leer artículos, elaborar esquemas o analizar datos; si tiene un estilo acomodador, puede proponerle actividades como realizar experimentos, probar cosas nuevas o asumir retos.

Adaptar el coaching al estilo de aprendizaje del coachee tiene múltiples beneficios, tanto para el coachee como para el coach. Algunos de estos beneficios son:

- Mejora la comunicación y la comprensión entre el coachee y el coach, al utilizar un lenguaje y unas herramientas más afines y sintonizados.

- Aumenta la motivación y el interés del coachee por el proceso de coaching, al ofrecerle una experiencia de aprendizaje más atractiva y significativa.

- Facilita el aprendizaje y la retención de la información del coachee, al utilizar los canales y los recursos más óptimos para su percepción y procesamiento.

- Potencia el desarrollo y la aplicación de las habilidades y competencias del coachee, al proponerle actividades que le permitan experimentar, reflexionar, pensar y actuar de forma efectiva.

- Favorece la consecución de los objetivos y la mejora del desempeño del coachee, al proporcionarle un plan de acción más personalizado y adaptado a sus características y necesidades.

Entendemos entonces que, identificar y adaptar el coaching al estilo de aprendizaje del coachee es una estrategia clave para optimizar el proceso de coaching y lograr los mejores resultados posibles. El coach debe ser capaz de reconocer el estilo de aprendizaje del coachee y ajustar su intervención en función de este, respetando y potenciando las preferencias, las fortalezas y las debilidades del coachee. De esta forma, el coach podrá ofrecer al coachee una experiencia de aprendizaje más personalizada, significativa y satisfactoria.

Referencias bibliográficas:

1: Kolb D.A. (1984) Experiential Learning: Experience as the source of Learning and development. Englewoods Cliffs, NJ: Prentice Hall.

2: Chávez J.C. (2020) ¿Es el coaching una nueva metodología de aprendizaje? Recuperado de https://es.linkedin.com/pulse/es-el-coaching-una-nueva-metodolog%C3%ADa-de-aprendizaje-ch%C3%A1vez

3: Poch M. (2018) El modelo de estilos de aprendizaje: conoce tu forma preferida de aprender. Recuperado de https://mireiapoch.com/estilos-de-aprendizaje/

Cap.5

La importancia de la Comunicación: Cómo mejorar la interacción entre el coach y el cliente

En el ámbito del coaching ejecutivo, la comunicación desempeña un papel fundamental en el establecimiento de una relación sólida y efectiva entre el coach y el cliente. La calidad de la comunicación impacta directamente en el proceso de coaching, en la comprensión mutua y en la consecución de los objetivos planteados. En este capítulo, exploraremos la importancia de la comunicación en el coaching ejecutivo, cómo mejorar la interacción entre el coach y el cliente, y cómo aplicar los fundamentos de la comunicación en enfermería al contexto del coaching ejecutivo.

Comunicación en Enfermería: Fundamentos para la Práctica Profesional

El libro *"Comunicación en Enfermería: Fundamentos para la Práctica Profesional" (Stein-Paebury, 2014)* aborda la importancia de la comunicación en el ámbito de la enfermería, pero sus principios son igualmente relevantes para el coaching ejecutivo. La comunicación efectiva es esencial para establecer una relación de confianza, comprender las necesidades del cliente y lograr resultados positivos.

La Importancia de la Comunicación en el Coaching Ejecutivo
En el coaching ejecutivo, la comunicación es esencial para establecer una base sólida para el proceso de desarrollo. Algunas de las razones más destacadas sobre la importancia de la comunicación en el coaching ejecutivo son:

1. Construcción de confianza: La comunicación efectiva permite establecer una relación de confianza entre el coach y el cliente. La confianza es fundamental para que el cliente se sienta cómodo al compartir sus desafíos, metas y vulnerabilidades.

2. Comprender las necesidades del cliente: A través de la comunicación, el coach puede obtener una comprensión profunda de las necesidades, expectativas y motivaciones del cliente. Esto permite adaptar el enfoque de coaching de manera más efectiva para satisfacer sus requerimientos individuales.

3. Clarificación de objetivos y expectativas: La comunicación clara y abierta ayuda a establecer objetivos claros y realistas, y a alinear las expectativas tanto del cliente como del coach. Esto evita malentendidos y asegura que ambas partes estén en la misma página.

4. Retroalimentación y seguimiento: La comunicación constante y efectiva permite brindar retroalimentación constructiva al cliente y realizar un seguimiento adecuado de su progreso. Esto permite ajustar y adaptar el proceso de coaching según sea necesario.

Cómo Mejorar la Interacción entre el Coach y el Cliente

1. Una forma de mejorar la interacción entre el coach y el cliente es aplicar estrategias de comunicación efectivas. Estas pueden incluir escuchar activamente, hacer preguntas abiertas, utilizar un lenguaje claro y conciso, y proporcionar retroalimentación constructiva. También es importante establecer expectativas claras y acordar objetivos y planes de acción conjuntamente.

2. Estrategias de comunicación efectivas para el coaching ejecutivo: Algunas estrategias de comunicación efectivas para el coaching ejecutivo pueden incluir:

- **Escuchar activamente**: Esto implica prestar atención completa al cliente y demostrar interés y empatía.

- **Hacer preguntas abiertas**: Las preguntas abiertas fomentan la reflexión y el diálogo y pueden ayudar al cliente a explorar sus pensamientos y sentimientos.

- **Utilizar un lenguaje claro y conciso**: Esto ayuda a evitar malentendidos y asegura que el mensaje sea entendido. Utilizar un lenguaje claro y conciso: Esto ayuda a evitar malentendidos y asegura que el mensaje sea entendido.

- **Proporcionar retroalimentación constructiva**: La retroalimentación constructiva puede ayudar al cliente a identificar áreas de mejora y a desarrollar planes de acción.

Cómo aplicar los fundamentos de la comunicación en enfermería al coaching ejecutivo.

Los fundamentos de la comunicación en enfermería, como los descritos por *Stein-Paebury* (2014) en su libro *"Comunicación en enfermería: fundamentos para la práctica profesional"*, pueden ser aplicados al coaching ejecutivo para mejorar la interacción entre el coach y el cliente. Por ejemplo, escuchar activamente, hacer preguntas abiertas y utilizar un lenguaje claro y conciso son estrategias que pueden ser utilizadas tanto en enfermería como en coaching ejecutivo para mejorar la comunicación.

Mejorar la interacción entre el coach y el cliente es fundamental para maximizar los resultados del proceso de coaching ejecutivo. Algunas estrategias efectivas para mejorar la interacción son:

- Escucha activa: El coach debe practicar la escucha activa, prestando atención total al cliente y demostrando interés genuino en sus preocupaciones y perspectivas. Esto implica hacer preguntas abiertas, para fomentar la reflexión y la profundización en los temas relevantes.

- Empatía: Mostrar empatía hacia el cliente es esencial para establecer una conexión emocional y comprender su experiencia. El coach debe demostrar comprensión y validar las emociones del cliente, creando un espacio seguro y de apoyo.

- Comunicación no verbal: La comunicación no verbal, como el lenguaje corporal, las expresiones faciales y el tono de voz, también juega un papel importante en la interacción. El coach debe ser consciente de su propio lenguaje no verbal y estar atento a las señales no verbales del cliente.

- Comunicación clara y efectiva: El coach debe comunicarse de manera clara y efectiva, utilizando un lenguaje sencillo y evitando términos técnicos o jerga. La comunicación clara asegura que el cliente comprenda las ideas y sugerencias del coach y pueda aplicarlas de manera efectiva en su desarrollo profesional.

Estrategias de Comunicación Efectivas para el Coaching Ejecutivo

Existen varias estrategias de comunicación efectivas que pueden mejorar la interacción entre el coach y el cliente en el coaching ejecutivo:

1. Establecer expectativas claras: Desde el principio, el coach debe comunicar las expectativas sobre la frecuencia y modalidad de las sesiones, la confidencialidad, las responsabilidades y los roles tanto del coach como del cliente. Esto ayuda a establecer una base sólida para la comunicación futura.

2. Preguntas poderosas: El coach debe utilizar preguntas poderosas para estimular la reflexión y el descubrimiento en el cliente. Las preguntas abiertas invitan a la exploración y al pensamiento crítico, mientras que las preguntas desafiantes pueden ayudar al cliente a cuestionar sus suposiciones y limitaciones.

3. Retroalimentación constructiva: El coach debe proporcionar retroalimentación constructiva de manera clara y específica. La retroalimentación debe ser equilibrada, destacando tanto los aspectos positivos como las áreas de mejora, y ofreciendo sugerencias y recomendaciones concretas.

4. Comunicación asertiva: El coach debe comunicarse de manera asertiva, expresando sus ideas, opiniones y preocupaciones de manera clara y respetuosa. La comunicación asertiva fomenta la apertura y la confianza en la relación coach-cliente.

¿Cómo puedo saber si estoy aplicando estas estrategias correctamente?

Hay varias maneras de saber si estás aplicando estas estrategias de comunicación efectiva correctamente en tu trabajo como coach. Algunas sugerencias incluyen:

- Observar la reacción del cliente: Si el cliente parece más comprometido y participativo durante las sesiones de coaching, esto puede ser una señal de que estás aplicando las estrategias de comunicación efectiva correctamente.

- Pedir retroalimentación: Puedes pedirle al cliente que te proporcione retroalimentación sobre cómo percibe la comunicación durante las sesiones de coaching. Esto puede ayudarte a identificar áreas de mejora y ajustar tu enfoque en consecuencia.

- Autoevaluación: También puedes hacer una autoevaluación para reflexionar sobre cómo estás aplicando las estrategias de comunicación efectiva. Por ejemplo, puedes preguntarte si estás escuchando activamente al cliente, haciendo preguntas abiertas y utilizando un lenguaje claro y conciso.

Al observar la reacción del cliente, pedir retroalimentación y hacer una autoevaluación, puedes evaluar si estás aplicando las estrategias de comunicación efectiva correctamente en tu trabajo como coach.

Pongamos un ejemplo de cómo aplicar esta estrategia:

Imagina que estás trabajando con un cliente que quiere mejorar su capacidad para liderar reuniones efectivas. Durante una sesión de coaching, puedes aplicar las siguientes estrategias de comunicación efectiva:

1. Escuchar activamente: Mientras el cliente habla sobre sus experiencias liderando reuniones, asegúrate de prestar atención completa y demostrar interés y empatía. Esto puede incluir hacer contacto visual, asentir con la cabeza y hacer comentarios como "Entiendo" o "Eso suena desafiante".

2. Hacer preguntas abiertas: En lugar de hacer preguntas cerradas que solo requieren una respuesta de sí o no, haz preguntas abiertas que fomenten la reflexión y el diálogo. Por ejemplo, en lugar de

preguntar "¿Te sientes cómodo liderando reuniones?", puedes preguntar "¿Cómo te sientes cuando lideras una reunión?".

3. Utilizar un lenguaje claro y conciso: Asegúrate de utilizar un lenguaje claro y conciso al comunicarte con el cliente. Por ejemplo, en lugar de decir "Es importante tener en cuenta varios factores al liderar una reunión efectiva", puedes decir "Para liderar una reunión efectiva, es importante prepararse bien, establecer una agenda clara y fomentar la participación".

4. Proporcionar retroalimentación constructiva: Después de escuchar al cliente hablar sobre sus experiencias liderando reuniones, proporciona retroalimentación constructiva sobre lo que está haciendo bien y áreas en las que podría mejorar. Por ejemplo, puedes decir "Me parece que te preparas bien para las reuniones y estableces una agenda clara. Un área en la que podrías mejorar es fomentar la participación de todos los miembros del equipo durante la reunión".

Al aplicar estas estrategias de comunicación efectiva durante la sesión de coaching, puedes ayudar al cliente a reflexionar sobre sus experiencias y desarrollar planes de acción para mejorar su capacidad para liderar reuniones efectivas.

Existe otro autor muy influyente que nos habla de la comunicación humana *Paul Watzlawick*, fue un teórico, filósofo y psicólogo austríaco nacionalizado estadounidense. Fue uno de los principales autores de la *Teoría de la comunicación humana* y del Constructivismo radical, y una importante referencia en el campo de la Terapia familiar, Terapia sistémica y, en general, de la Psicoterapia

La teoría de la comunicación humana de Watzlawick plantea que los problemas de comunicación entre las personas se deben a que no siempre tenemos el mismo punto de vista que nuestros interlocutores. La falta de cumplimiento de determinadas reglas comunicativas provoca fallos en la comprensión mutua y patrones de interacción patológicos . ("La teoría de la comunicación humana de Paul Watzlawick")

Watzlawick también habla sobre las "técnicas de descalificación", que son modos de comunicación anómalos mediante los cuales algunas personas invalidan sus propios mensajes o los de otros .

La teoría de la comunicación humana de *Paul Watzlawick* plantea que los problemas de comunicación entre las personas se deben a que no siempre tenemos el mismo punto de vista que nuestros interlocutores. La falta de cumplimiento de determinadas reglas comunicativas provoca fallos en la comprensión mutua y patrones de interacción patológicos.

Watzlawick desarrolló esta teoría junto con *Janet Beavin Bavelas* y *Don D. Jackson* en el Mental Research Institute de Palo Alto. Esta teoría posteriormente sería conocida como "enfoque interaccional" y concibe la comunicación como un sistema abierto en que se intercambian mensajes mediante la interacción.

La teoría de la comunicación humana de Watzlawick se basa en cinco axiomas:

El primer axioma de la teoría de la comunicación humana de Paul Watzlawick establece que **"es imposible no comunicar"**. Esto significa que toda conducta es una forma de comunicación. Como no existe una forma contraria al comportamiento (como "no comportamiento" o "anticomportamiento"), tampoco existe la "no comunicación". ("5.0 La comunicación interpersonal: la complementariedad yo/otro - Quizlet") Este axioma se refiere no solo al lenguaje verbal, sino también a otras formas de comunicación, como el lenguaje corporal y las expresiones faciales. Incluso cuando una persona está en silencio, su postura, gestos y expresiones faciales pueden transmitir un mensaje. Por lo tanto, según este axioma, siempre estamos comunicando algo, incluso cuando no estamos hablando. Esto significa que es importante ser conscientes de nuestras acciones y comportamientos no verbales, ya que también pueden transmitir un mensaje a los demás.

El segundo axioma de la teoría de la comunicación humana de Paul Watzlawick establece que **"toda comunicación tiene un aspecto de contenido y un aspecto relacional"**. Esto significa que en toda comunicación hay dos niveles de información: el contenido del mensaje y la relación entre los comunicantes.

El aspecto de contenido se refiere a la información que se transmite en el mensaje. Por ejemplo, si alguien dice "hoy hace frío", el contenido del mensaje es que la temperatura es baja.

El aspecto relacional, por otro lado, se refiere a cómo se relacionan los comunicantes entre sí y cómo se perciben mutuamente. Este aspecto puede ser más sutil y puede ser transmitido a través del tono de voz, el lenguaje corporal y otros comportamientos no verbales. Por ejemplo, si alguien dice "hoy hace frío" con un tono de voz amistoso y una sonrisa en el rostro, el aspecto relacional del mensaje podría ser que la persona está tratando de establecer una conexión amistosa con el receptor del mensaje.

Según este axioma, el aspecto relacional del mensaje clasifica al contenido y es, por tanto, una metacomunicación. Esto significa que la forma en que se transmite un mensaje puede afectar cómo se interpreta el contenido del mismo.

El tercer axioma de la teoría de la comunicación humana de Paul Watzlawick establece que **"la naturaleza de una relación depende de la puntuación de las secuencias de comunicación entre los comunicantes"**. Esto significa que la forma en que las personas interpretan y responden a los mensajes de los demás puede afectar la naturaleza de su relación.

La "puntuación" se refiere a la forma en que las personas dividen y organizan las secuencias de comunicación en eventos separados. Por ejemplo, si una persona dice "hola" y la otra responde "hola", cada persona puede puntuar esta secuencia de comunicación de manera diferente. Una persona puede verlo como un intercambio amistoso, mientras que la otra puede verlo como una interrupción no deseada.

Según este axioma, las diferencias en la puntuación pueden llevar a malentendidos y conflictos en las relaciones. Por ejemplo, si una persona interpreta el comportamiento de otra como hostil y responde de manera defensiva, esto puede llevar a un ciclo de hostilidad y defensa que puede dañar la relación.

Por lo tanto, según este axioma, es importante ser conscientes de cómo estamos puntuando las secuencias de comunicación y cómo nuestras acciones pueden afectar la naturaleza de nuestras relaciones con los demás.

El cuarto axioma de la teoría de la comunicación humana de Paul Watzlawick establece que **"la comunicación humana implica tanto la comunicación digital como la analógica"**. Esto significa que en toda comunicación hay dos tipos de lenguaje: el lenguaje digital y el lenguaje analógico.

El lenguaje digital se refiere al lenguaje verbal y se caracteriza por ser más abstracto y lógico. Por ejemplo, cuando decimos "hoy hace frío", estamos utilizando el lenguaje digital para transmitir información sobre la temperatura.

El lenguaje analógico, por otro lado, se refiere al lenguaje no verbal y se caracteriza por ser más concreto y emocional. Por ejemplo, cuando fruncimos el ceño o nos encogemos de hombros, estamos utilizando el lenguaje analógico para transmitir información sobre nuestro estado emocional.

Según este axioma, ambos tipos de lenguaje son importantes en la comunicación humana y pueden complementarse entre sí. Por ejemplo, podemos utilizar el lenguaje digital para transmitir información objetiva y el lenguaje analógico para transmitir información emocional.

El quinto y último axioma de la teoría de la comunicación humana de Paul Watzlawick establece que **"los intercambios comunicativos pueden ser simétricos o complementarios, dependiendo de si los participantes están en igualdad o en desigualdad"**. Esto significa que las relaciones entre las personas pueden ser simétricas (cuando los participantes están en igualdad) o complementarias (cuando los participantes están en desigualdad).

En una relación simétrica, los participantes tienen el mismo nivel de poder y control. Por ejemplo, una conversación entre amigos puede ser simétrica si ambos tienen la misma capacidad para influir en el curso de la conversación.

En una relación complementaria, por otro lado, uno de los participantes tiene más poder o control que el otro. Por ejemplo, una conversación entre un jefe y un empleado puede ser complementaria si el jefe tiene más poder para influir en el curso de la conversación.

Según este axioma, tanto las relaciones simétricas como las complementarias pueden ser efectivas en diferentes situaciones. Lo importante es ser conscientes del tipo de relación que estamos estableciendo y cómo esto puede afectar nuestra comunicación con los demás.

¿Cómo podríamos aplicar este axioma en la práctica?

Se puede aplicar en la práctica al ser conscientes del tipo de relación que estamos estableciendo con los demás y cómo esto puede afectar nuestra comunicación.

Por ejemplo, si estamos en una relación simétrica (como una conversación entre amigos), podemos aplicar este axioma al asegurarnos de que ambos participantes tengan la misma capacidad para influir en el curso de la conversación. Esto puede incluir escuchar activamente al otro y respetar sus opiniones y puntos de vista.

Si estamos en una relación complementaria (como una conversación entre un jefe y un empleado), podemos aplicar este axioma al ser conscientes de la dinámica de poder y control en la relación. Por ejemplo, el jefe puede asegurarse de no abusar de su posición de poder y el empleado puede asegurarse de expresar sus opiniones y preocupaciones de manera respetuosa.

En general, aplicar este axioma en la práctica implica ser conscientes del tipo de relación que estamos estableciendo con los demás y ajustar nuestra comunicación en consecuencia para lograr una comunicación efectiva.

¿Cómo puedo mejorar mi comunicación en relaciones complementarias?

Para mejorar la comunicación en relaciones complementarias (donde uno de los participantes tiene más poder o control que el otro), puedes seguir los siguientes pasos:

1. Ser consciente de la dinámica de poder: En una relación complementaria, es importante ser consciente de la dinámica de poder y control en la relación. Si tienes más poder, asegúrate de no abusar de tu posición y de respetar las opiniones y preocupaciones del otro. Si tienes menos poder, asegúrate de expresar tus opiniones y preocupaciones de manera respetuosa.

2. Escuchar activamente: En cualquier relación, es importante escuchar activamente al otro y demostrar interés y empatía. Esto puede incluir hacer contacto visual, asentir con la cabeza y hacer comentarios que demuestren que estás escuchando.

3. Utilizar un lenguaje claro y respetuoso: Asegúrate de utilizar un lenguaje claro y respetuoso al comunicarte con el otro. Evita utilizar un lenguaje agresivo o confrontacional y asegúrate de que el mensaje sea entendido.

4. Buscar soluciones conjuntas: En una relación complementaria, es importante buscar soluciones conjuntas a los problemas o desafíos que surjan. Esto puede incluir trabajar juntos para encontrar soluciones que sean beneficiosas para ambas partes.

Al seguir estos pasos, puedes mejorar la comunicación en relaciones complementarias y lograr una comunicación más efectiva.

Resumiendo, la Comunicación Efectiva es un elemento central en el coaching ejecutivo. La calidad de la comunicación entre el coach y el cliente influye directamente en la comprensión mutua, la construcción de confianza y el logro de los objetivos planteados.

Al aplicar los fundamentos de la comunicación en enfermería y los axiomas de Paul Watzlawick al coaching ejecutivo, se pueden mejorar la interacción y los resultados, creando un entorno propicio para el crecimiento y el desarrollo del cliente. La comunicación efectiva en el coaching ejecutivo es una herramienta poderosa que impulsa el éxito y la transformación personal y profesional del cliente.

Referencias Bibliográficas:

Stein-Parbury, J. (2014) Comunicación en enfermería: fundamentos para la práctica profesional. Elsevier Health Sciencies

Paul Watzlawick, Janet Beavin Bavelas, Don D. Jackson (2011) Teoría de la comunicación humana. Interacciones, patologías y paradojas

Cap. 6

Enfoque de las fortalezas: Cómo capitalizar las cualidades únicas del cliente

El Enfoque de las Fortalezas en el Coaching Ejecutivo

En el campo del coaching ejecutivo, existe una amplia gama de enfoques y técnicas utilizadas para ayudar a los profesionales a alcanzar su máximo potencial y lograr un desempeño óptimo en sus roles organizacionales. Uno de los enfoques más efectivos y respaldados por la investigación es el enfoque de las fortalezas. En este capítulo, exploraremos cómo capitalizar las cualidades únicas del cliente a través del enfoque de las fortalezas en el coaching ejecutivo. Utilizaremos como referencia bibliográfica principal el artículo *"Uso de la ciencia positiva para comprender la fuerza del carácter" de Linley, Nielsen, Gillet, y Bishas-Diener (2010)*. Esté capitulo lo dividiremos en secciones.

1: Fundamentos del Enfoque de las Fortalezas

El enfoque de las fortalezas se basa en la premisa de que cada individuo posee cualidades y atributos únicos que pueden ser aprovechados para mejorar su desempeño y bienestar. En lugar de centrarse en remediar las debilidades, el enfoque de las fortalezas se enfoca en identificar y desarrollar las fortalezas personales y profesionales de un individuo. Esto se basa en la creencia de que cuando las personas utilizan sus fortalezas de manera óptima, experimentan un mayor sentido de satisfacción, compromiso y éxito en su vida y carrera.

Ejemplo: Supongamos que un ejecutivo tiene habilidades excepcionales para la comunicación interpersonal y la resolución de conflictos. Estas habilidades podrían ser consideradas como fortalezas en lugar de centrarse en mejorar las debilidades relativas, como las habilidades técnicas o la gestión del tiempo.

El enfoque de las fortalezas se apoya en los principios de la ciencia positiva, un campo de estudio que se centra en comprender y promover los aspectos positivos de la experiencia humana. La ciencia positiva examina cómo las fortalezas personales, como la gratitud, la esperanza, la creatividad y la perseverancia, pueden influir positivamente en el rendimiento y el bienestar de los individuos.

Un estudio de la Universidad de Michigan demostró que los líderes que utilizan un enfoque de fortalezas experimentan una mayor satisfacción laboral y están más comprometidos en su trabajo que aquellos que se enfocan en sus debilidades.

2: Identificación de las Fortalezas del Cliente

Para aplicar el enfoque de las fortalezas en el coaching ejecutivo, es fundamental identificar y comprender las fortalezas únicas del cliente. Esto implica utilizar herramientas y técnicas validadas para evaluar las fortalezas de carácter, habilidades y competencias profesionales.

> Ejemplo: Un coach podría utilizar el inventario VIA para ayudar a un ejecutivo a identificar sus cinco fortalezas principales y luego discutir cómo estas fortalezas pueden ser utilizadas y desarrolladas en su entorno laboral.

Una de las herramientas ampliamente utilizadas en la evaluación de las fortalezas de carácter es el VIA (Valores en Acción) *Inventory of Strengths*, desarrollado por *Martin Seligman y Christopher Peterson*. Este inventario ayuda a los individuos a identificar sus principales fortalezas de carácter, como la honestidad, la curiosidad, la amabilidad, la perseverancia, entre otras.

Ejemplo: Un cliente podría descubrir que su principal fortaleza de carácter es la generosidad, lo que indica un fuerte deseo de ayudar a los demás y compartir recursos. Esta fortaleza podría ser utilizada en el lugar de trabajo para fomentar la colaboración y el trabajo en equipo.

Además de las fortalezas de carácter, también es importante identificar las habilidades y competencias profesionales del cliente. Esto puede lograrse a través de evaluaciones específicas para el campo laboral en el que se desenvuelve el cliente, como evaluaciones de liderazgo, habilidades de comunicación, inteligencia emocional, entre otras.

Ejemplo: Un coach ejecutivo podría hacer que un cliente realice una evaluación de habilidades de liderazgo para identificar áreas en las que sobresale, como la toma de decisiones y la delegación de responsabilidades, y luego trabajar con el cliente para mejorar esas habilidades.

3: Capitalización de las Fortalezas del Cliente

Una vez que se han identificado las fortalezas del cliente, el siguiente paso es enseñarles a capitalizar y aprovechar sus fortalezas en su vida profesional y personal. El coach ejecutivo trabajará en colaboración con el cliente a través de varias etapas para desarrollar estrategias específicas en función de las fortalezas identificadas.

1. Creación de conciencia: La primera etapa implica ayudar a los clientes a comprender y apreciar sus fortalezas. El coach debe alentar a los clientes a reflexionar sobre las situaciones en las que han utilizado sus fortalezas de manera efectiva y cómo estas fortalezas han influido en sus éxitos y logros pasados.

Ejemplo: Un coach podría pedirle a un ejecutivo que considere momentos en los que dar para comunicarse de manera efectiva ha sido fundamental para solucionar conflictos, resolver problemas o motivar a su equipo a trabajar en conjunto.

2. Contextualización: En esta etapa, el coach trabajará con el cliente para desarrollar estrategias y planes para aplicar sus fortalezas en el contexto de su trabajo y metas profesionales. Esto podría implicar analizar los desafíos y oportunidades presentes en el entorno laboral y discutir cómo las fortalezas del cliente pueden ser utilizadas para enfrentarlos de manera efectiva.

Ejemplo: un ejecutivo con habilidades excepcionales en la resolución de conflictos podría explorar cómo aplicar esta fortaleza para mediar en las disputas entre los miembros del equipo y facilitar una mayor colaboración y cooperación en el lugar de trabajo.

- **3. Desarrollo y mejora continua**: El coach proporcionará retroalimentación y apoyo continuos para asegurar que el cliente siga aplicando y perfeccionando sus fortalezas en su vida profesional. Esto puede incluir el establecimiento de objetivos específicos para mejorar aún más sus habilidades, así como la creación de planes de acción detallados que les permitan aprovechar al máximo sus fortalezas.

    Ejemplo: Un ejecutivo con habilidades sobresalientes en la toma de decisiones podría fijar metas claras para aplicar su talento en proyectos más grandes y complejos, mejorando aún más sus habilidades en el proceso.

4. Evaluación y seguimiento: Para anticipar el cambio y lograr un crecimiento sostenido a largo plazo, es crucial evaluar y monitorear el progreso del cliente. El coach debe trabajar en estrecha colaboración con el cliente para revisar periódicamente sus logros y áreas de compromiso, actualizando y ajustando sus estrategias de desarrollo a medida que se necesite.

Ejemplo: Un coach puede organizar reuniones regulares con el cliente para discutir tanto sus éxitos como los desafíos y dificultades adicionales que puedan haber surgido en el proceso de aplicar sus fortalezas en el ámbito laboral.

En resumen, el enfoque de las fortalezas en el coaching ejecutivo es un método altamente efectivo y basado en la investigación para ayudar a los profesionales a alcanzar su máximo potencial y optimizar su desempeño en sus roles organizacionales. Al identificar, contextualizar, desarrollar y evaluar las fortalezas únicas del cliente, los coaches y sus clientes pueden trabajar juntos para lograr resultados excepcionales en el entorno laboral y lograr una mayor satisfacción y compromiso en sus carreras.

4: Beneficios del enfoque de las fortalezas en el coaching ejecutivo

Al adoptar y promover el enfoque de las fortalezas en el coaching ejecutivo, se obtienen múltiples beneficios tanto para el cliente como para la organización a la que pertenece. Estos incluyen:

1. Mejora en la satisfacción laboral: La investigación demuestra que cuando las personas emplean y desarrollan sus fortalezas en el trabajo, experimentan una mayor satisfacción y conexión con sus roles y responsabilidades. Al alinear las fortalezas del cliente con sus metas profesionales, el coaching ejecutivo puede aumentar su compromiso y satisfacción laboral a largo plazo.

2. Aumento del rendimiento y la productividad: El uso óptimo de las fortalezas permite a los clientes trabajar de manera más eficiente y efectiva, aprovechando sus habilidades innatas y capacidades para superar desafíos y alcanzar sus objetivos. Al apoyar la aplicación de las fortalezas en el ámbito laboral, el coaching ejecutivo fomenta un mayor rendimiento y productividad por parte del cliente y su equipo.

3. Reducción del estrés y el agotamiento: Trabajar en áreas de debilidad puede ser agotador y desmoralizador, lo que a menudo resulta en estrés y agotamiento. Al centrarse en las fortalezas, los clientes se sienten más capacitados y confiados en su trabajo, lo que puede conducir a una disminución del estrés y el agotamiento laboral asociados con esfuerzos excesivos en áreas donde se sienten menos competentes.

4. Fomento de un clima organizacional positivo: Cuando los líderes adoptan un enfoque de fortalezas, están mejor equipados para reconocer y potenciar las fortalezas de sus colaboradores. Esta práctica no solo mejora la efectividad del equipo, sino que también ayuda a crear un ambiente laboral basado en el aprecio y la colaboración, lo que a su vez mejora el compromiso y la satisfacción del empleado en toda la organización.

5. Desarrollo del liderazgo efectivo: En un entorno empresarial en constante cambio y competitividad, los líderes exitosos son aquellos que pueden aprovechar sus propias fortalezas y las de sus equipos. Al trabajar con un coach ejecutivo en un enfoque de fortalezas, los líderes desarrollan una mayor conciencia de sí mismos y aprenden a utilizar sus habilidades para guiar y apoyar a sus equipos de manera efectiva.

5: Integración de enfoques complementarios

Si bien el enfoque de las fortalezas ofrece una base sólida para el coaching ejecutivo, es importante considerar que puede ser beneficioso integrarlo con otras perspectivas y métodos complementarios. Esto ayuda a proporcionar una experiencia de coaching más completa y adaptada a las necesidades únicas del cliente:

1. Inteligencia emocional: Trabajar en habilidades asociadas con la inteligencia emocional, como la autoconciencia, la empatía y la autorregulación emocional, puede enriquecer el proceso de coaching al complementar el enfoque de las fortalezas y proporcionar una base más sólida para el desarrollo personal y profesional.

2. Análisis de sistemas: El coaching ejecutivo también puede involucrar el análisis de los sistemas organizacionales y los desafíos y oportunidades que enfrenta el cliente en su entorno laboral. Entender estos sistemas y aprender a interactuar con ellos de manera efectiva puede mejorar la capacidad del cliente para aplicar sus fortalezas y tener éxito en su organización.

3. Enfoque en soluciones: Aunque el enfoque de las fortalezas es intrínsecamente positivo, también es útil complementarlo con una metodología orientada a soluciones que ayude al cliente a centrarse en las acciones y métodos específicos para aprovechar sus fortalezas en lugar de centrarse únicamente en sus habilidades y atributos.

En síntesis, el enfoque de las fortalezas proporciona una base valiosa y efectiva para el coaching ejecutivo. Al integrar este enfoque con perspectivas complementarias y herramientas adicionales, se pueden maximizar los beneficios para el cliente en términos de rendimiento laboral, satisfacción y bienestar en general. Un enfoque holístico y multifacético en el coaching ejecutivo es la clave para desencadenar el verdadero potencial y la excelencia.

6: Estrategias para la implementación exitosa del enfoque de fortalezas

Para garantizar una integración efectiva del enfoque de fortalezas en el coaching ejecutivo, es crucial establecer estrategias y prácticas que respalden su implementación. Algunas de estas estrategias clave son las siguientes:

1. Formación y certificación: Para proporcionar un enfoque de fortalezas de alta calidad, los coaches ejecutivos deben estar capacitados y certificados adecuadamente en las metodologías y herramientas pertinentes. Este conocimiento y experiencia permitirán al coach identificar y trabajar con las fortalezas del cliente de manera más efectiva.

2. Evaluación detallada: Antes de comenzar el proceso de coaching, es crucial utilizar herramientas de evaluación rigurosas y basadas en evidencia para identificar las fortalezas y áreas de mejora del cliente. Estas evaluaciones pueden incluir cuestionarios, entrevistas y revisiones de desempeño previas que proporcionen información valiosa sobre las habilidades y atributos del cliente.

3. Personalización del enfoque: Cada cliente es único, y, por lo tanto, su enfoque de coaching también debe serlo. Un coach ejecutivo debe adaptar el enfoque de fortalezas a las necesidades y metas específicas de cada cliente, lo que a su vez garantiza una experiencia de coaching personalizada y eficiente.

4. Establecimiento de metas SMART: Al establecer metas SMART (Específicas, Medibles, Alcanzables, Relevantes y Temporales) para aplicar y mejorar las fortalezas del cliente, los coaches pueden garantizar un progreso claro y medible a lo largo del proceso de coaching.

5. Coaching de grupo y talleres: Además de las sesiones individuales, el enfoque de fortalezas también se puede implementar a través de talleres y sesiones de coaching en grupo. Estas configuraciones permiten la discusión y el intercambio de mejores prácticas mientras se fomenta el trabajo en equipo y la colaboración en el contexto de fortalezas compartidas.

6. Seguimiento y revisión: Después de completar el proceso de coaching, es importante mantener un seguimiento regular con el cliente para evaluar y revisar su progreso en la aplicación y desarrollo de sus fortalezas. Esto asegura la continuidad y la efectividad a largo plazo del enfoque de fortalezas en su vida profesional.

7: Desafíos y consideraciones

Si bien el enfoque de las fortalezas proporciona una base sólida para el coaching ejecutivo, es importante abordar y reflexionar sobre posibles desafíos y consideraciones:

1. No descuidar las debilidades: Si bien es fundamental centrarse en las fortalezas del cliente, es importante no pasar por alto las áreas de mejora y debilidad. El enfoque de fortalezas se basa en la premisa de dedicar tiempo a mejorar áreas clave, pero debe equilibrarse con la consideración de las áreas que puedan requerir atención adicional para garantizar el éxito general del cliente.

2. No caer en la complacencia: La confianza en las propias fortalezas es un activo valioso, pero es igualmente crucial mantener una actitud de aprendizaje constante y mejora continua. Un coach efectivo debe asegurarse de que el cliente siga buscando oportunidades para crecer y desarrollarse, incluso si ya tienen un alto nivel de habilidad en sus áreas de fortaleza.

3. Abordar la resistencia al cambio: Aunque el enfoque de las fortalezas es generalmente positivo y alentador, algunos clientes pueden encontrar inicialmente difícil cambiar su mentalidad a una centrada en sus habilidades y atributos. El coach ejecutivo debe estar preparado para abordar y superar esta resistencia al cambio trabajando de cerca con el cliente para aumentar su autoconciencia y disposición para aprovechar sus fortalezas.

Concluyendo, el enfoque de fortalezas en el coaching ejecutivo ofrece numerosos beneficios para los clientes y sus organizaciones al centrarse en sus habilidades y talentos únicos. Integrado con enfoques complementarios y guiado por estrategias efectivas, el enfoque de fortalezas puede conducir a una mayor satisfacción laboral, rendimiento y bienestar en general para los clientes. Superar los desafíos y consideraciones relacionados con el enfoque de fortalezas también es fundamental para garantizar su éxito duradero y un impacto positivo en la vida.

8: Herramientas y recursos para el enfoque de fortalezas en el coaching ejecutivo

Para facilitar un enfoque de fortalezas efectivo en el coaching ejecutivo, existen varias herramientas y recursos que los coaches pueden utilizar para identificar, explorar y desarrollar las fortalezas del cliente:

1. CliftonStrengths: Desarrollado por Gallup, CliftonStrengths es una evaluación popular que identifica las 34 fortalezas específicas del individuo y las clasifica en función de su intensidad y prevalencia. Los coaches ejecutivos pueden usar esta herramienta para obtener información detallada de cómo las fortalezas del cliente pueden contribuir a su éxito en el entorno laboral.

2. VIA Character Strengths: Este cuestionario de evaluación se centra en 24 fortalezas del carácter distintivas basadas en la teoría de la psicología positiva. Los coaches pueden utilizar la información obtenida de esta evaluación para desarrollar estrategias y acciones específicas que se alineen con las fortalezas del carácter del cliente y sus metas profesionales.

3. StrengthsFinder 2.0: Otra herramienta de Gallup, la StrengthsFinder 2.0 ayuda a los individuos a descubrir sus talentos innatos. Los coaches ejecutivos pueden emplear esta herramienta para que el cliente entienda y capitalice sus talentos únicos en su vida laboral y personal.

4. Evaluaciones 360 grados: Estas evaluaciones permiten a los coaches obtener feedback de múltiples fuentes (incluidos colegas, supervisores, subordinados y el cliente mismo) para identificar fortalezas y áreas de mejora. Al comparar este feedback con la autoevaluación del cliente, los coaches pueden trabajar con ellos para desarrollar un plan de acción integral que aproveche sus fortalezas.

9: Fortalezas en el contexto organizacional

Además de utilizar el enfoque de las fortalezas en el coaching ejecutivo, es útil considerar cómo las habilidades y talentos del cliente se pueden aplicar en el contexto de sus equipos y organización:

1. Cultivar un entorno basado en fortalezas: Los líderes y gerentes pueden fomentar una cultura laboral en la que se anime a los empleados a identificar y aprovechar sus fortalezas. Al asignar roles y tareas que se alinean con las habilidades individuales, se puede mejorar la productividad y cohesión del equipo.

2. Mentoría y desarrollo de talento: Los líderes pueden aprovechar su conocimiento de las fortalezas de su equipo para proporcionar mentoría y apoyo adaptado a los empleados que buscan desarrollar su potencial. Este enfoque fomenta la colaboración y el crecimiento, lo que contribuye a un clima organizacional positivo y un mayor compromiso de los empleados.

3. Comunicación y retroalimentación basada en fortalezas: Dentro de una organización, la comunicación y la retroalimentación efectivas son fundamentales para el éxito. Al enfocar las conversaciones en las fortalezas de cada empleado y cómo pueden capitalizarse para enfrentar desafíos y cumplir con objetivos, se puede alentar un enfoque más colaborativo, positivo y productivo.

4. Reclutamiento y selección de talentos: Cuando se busca contratar nuevo talento, las organizaciones pueden beneficiarse al alinear las fortalezas de los candidatos con roles y responsabilidades específicas. Este enfoque aumenta las posibilidades de éxito y satisfacción en el trabajo y asegura que el nuevo empleado pueda contribuir significativamente a la organización desde el primer día.

En resumen, adoptar un enfoque de fortalezas en el coaching ejecutivo es beneficioso no solo para los clientes sino también para toda la organización a la que pertenecen. A través del uso de herramientas y recursos eficientes y la aplicación de las fortalezas en un contexto organizacional, este enfoque crea un ambiente laboral más positivo, productivo y exitoso para todos los involucrados.

Referencias bibliográficas:

Linley, P. A., Nielsen, K. M., Gillet, R., & Bishas-Diener, R. (2010). Uso de la ciencia positiva para comprender la fuerza del carácter. Psychologist, 23(3), 224-247.

Cap. 7

Fomento del Cambio:
Cómo ayudar a tu cliente a avanzar
hacia su objetivo

En el ámbito del coaching ejecutivo, uno de los principales objetivos es ayudar a los clientes a alcanzar sus metas y avanzar hacia su máximo potencial. Para lograr esto, es esencial comprender y aplicar estrategias efectivas de fomento del cambio. En este capítulo, exploraremos cómo el coaching ejecutivo puede facilitar el cambio positivo en los clientes y ayudarles a avanzar hacia sus objetivos profesionales. Utilizaremos como referencia bibliográfica principal el artículo "La etapa de cambio en la adicción conductual" de Prochaska y Di Clemente (1983).

1: Fundamentos del Fomento del Cambio

El fomento del cambio en el coaching ejecutivo se basa en la teoría del cambio conductual propuesta por Prochaska y Di Clemente en 1983. Esta teoría sugiere que el cambio es un proceso gradual y secuencial que implica diferentes etapas, y que las estrategias de intervención deben adaptarse a cada etapa específica. Comprender estas etapas de cambio es fundamental para guiar a los clientes a través del proceso de transformación personal y profesional.

Las cinco etapas del cambio propuestas por Prochaska y Di Clemente son: precontemplación, contemplación, preparación, acción y mantenimiento *(Prochaska & Di Clemente, 1983)*. En cada etapa, los individuos tienen diferentes niveles de motivación y disposición para cambiar). El coaching ejecutivo puede desempeñar un papel clave al ayudar a los clientes a avanzar de una etapa a otra, brindando el apoyo adecuado y las estrategias de cambio correspondientes

2: Evaluación de la Etapa de Cambio del Cliente

Antes de implementar estrategias específicas de fomento del cambio, es fundamental evaluar en qué etapa se encuentra el cliente. Esto se puede lograr a través de entrevistas, cuestionarios y análisis de comportamiento. La evaluación de la etapa de cambio del cliente proporciona información clave sobre su nivel de motivación, resistencia al cambio y disposición para tomar acción.

Una herramienta ampliamente utilizada para evaluar la etapa de cambio es el *Proceso de Cambio Transteórico (Transtheoretical Model of Change) desarrollado por Prochaska y Di Clemente (Prochaska & Di Clemente, 1983)*. Esta herramienta permite al coach ejecutivo identificar si el cliente se encuentra en la etapa de precontemplación, contemplación, preparación, acción o mantenimiento. Esta información es crucial para adaptar las estrategias de coaching y facilitar el progreso del cliente hacia el cambio deseado.

3: Estrategias de Fomento del Cambio

Una vez que se ha evaluado la etapa de cambio del cliente, el coach ejecutivo puede implementar estrategias específicas para fomentar el cambio positivo. Cada etapa del cambio requiere un enfoque diferente, y es responsabilidad del coach adaptar las técnicas y herramientas utilizadas en función de las necesidades y características del cliente. Desarrollemos las cinco etapas del cambio propuestas por Prochaska y Di Clemente en su teoría del cambio conductual:

- **Precontemplación**: En esta etapa, los individuos no son conscientes o no reconocen la necesidad de cambiar. No están considerando activamente ninguna acción para abordar su situación problemática o alcanzar sus metas. Pueden estar en negación o minimizando la importancia del cambio. El objetivo principal en esta etapa es aumentar la conciencia y la motivación para considerar el cambio.

- **Contemplación**: En la etapa de contemplación, los individuos son conscientes de que tienen un problema o un objetivo que desean abordar, pero aún no están comprometidos completamente con la acción. Están considerando seriamente realizar cambios, pero pueden tener ambivalencia o incertidumbre sobre si deben tomar medidas. El objetivo principal en esta etapa es fortalecer la motivación y la intención de cambiar.

- **Preparación**: Durante la etapa de preparación, los individuos están listos para tomar medidas concretas para cambiar. Han adquirido la intención y han empezado a planificar las acciones necesarias. Pueden haber tomado pequeños pasos hacia el cambio y estar tomando decisiones concretas sobre cómo y cuándo llevar a cabo las acciones. El objetivo principal en esta etapa es facilitar la preparación y la planificación para la acción.

- **Acción**: En la etapa de acción, los individuos están activamente comprometidos en tomar medidas para cambiar su comportamiento o lograr sus metas. Han implementado las estrategias y los planes que han desarrollado durante la etapa de preparación. Están haciendo esfuerzos concretos y sostenidos para modificar su comportamiento y enfrentar los desafíos que surgen durante el proceso de cambio. El objetivo principal en esta etapa es apoyar y mantener los esfuerzos de cambio en curso.

- **Mantenimiento**: Después de la etapa de acción, los individuos entran en la etapa de mantenimiento, donde trabajan para consolidar y mantener los cambios logrados. Durante esta etapa, están consolidando nuevos hábitos y comportamientos, evitando recaídas y abordando los desafíos persistentes que puedan surgir. El objetivo principal en esta etapa es fortalecer las habilidades de mantenimiento y prevenir la recaída.

Es importante tener en cuenta que el proceso de cambio no siempre progresa linealmente de una etapa a otra. Los individuos pueden retroceder a etapas anteriores o avanzar y retroceder entre las etapas antes de alcanzar el cambio sostenido. Además, las estrategias de intervención y apoyo deben adaptarse a las necesidades y características de cada individuo en cada etapa del cambio.

William Bridges es conocido por su enfoque en las transiciones y cómo las personas pueden navegar a través de ellas de manera efectiva. En su libro *"Transitions: Making Sense of Life's Changes"*, Bridges profundiza en la comprensión de las transiciones tanto personales como profesionales. El autor destaca que las transiciones no son solo eventos aislados, sino procesos internos que requieren atención y trabajo emocional.

Bridges identifica tres etapas clave en las transiciones: el final, la zona neutra y el nuevo comienzo. En la primera etapa, el individuo debe enfrentar la realidad de dejar ir el pasado y despedirse de lo que se ha perdido. En la zona neutra, se experimenta incertidumbre y se pueden sentir emociones como la confusión o la ansiedad. Finalmente, en el nuevo comienzo, se encuentra una nueva identidad o una nueva forma de vida.

Bridges destaca que las transiciones no son simplemente eventos aislados y externos que suceden a las personas, sino que son procesos internos que requieren trabajo emocional y atención consciente. Según Bridges, las personas necesitan experimentar una "transición interior" para poder enfrentar los cambios externos de manera efectiva.

En la primera etapa, el individuo debe enfrentar la realidad de dejar ir el pasado y despedirse de lo que se ha perdido. Esto puede ser el resultado de una pérdida de empleo o un cambio de carrera. A menudo se experimentarán emociones como la tristeza, el enojo o el miedo.

La segunda etapa, la zona neutra, se caracteriza por la incertidumbre y puede ser una desagradable sensación de vacío. Se pueden experimentar sentimientos de confusión, ansiedad o incapacidad para tomar decisiones. Esta etapa es necesaria para procesar la pérdida y comenzar a prepararse para el cambio.

Finalmente, en el nuevo comienzo, se encuentra una nueva identidad o una nueva forma de vida. Esta etapa puede ser muy emocionante, pero también puede ser tensa. La gente a menudo tiene miedo de volver a caer en viejos patrones y ansían apoyo emocional y práctica para ayudarlos a navegar en su nueva vida.

Para el coaching ejecutivo, el enfoque de Bridges es particularmente útil para aquellos que están experimentando transiciones en su vida profesional, como la pérdida de un trabajo, cambios de carrera o roles principales en una organización. Los coaching pueden ayudar a los clientes a procesar las emociones que acompañan a estas transiciones y a desarrollar herramientas para navegar con éxito a través de las distintas etapas, alcanzando así un nuevo nivel de identidad y propósito. En conclusión, el enfoque de Bridges en las transiciones es una forma efectiva y poderosa de abarcar cambios en el coaching ejecutivo y personal, ayudando a los individuos a lidiar con el cambio de una manera más positiva y productiva.

Por otro lado, *John P. Kotter* es reconocido por su experiencia en liderazgo y cambio organizacional. En su libro *"Leading Change", Kotter* presenta un modelo estructurado para gestionar y liderar el cambio en las organizaciones. Su enfoque se basa en ocho pasos clave que deben seguirse para lograr una transformación exitosa.

Los ocho pasos propuestos por Kotter incluyen establecer un sentido de urgencia, crear una coalición de cambio, desarrollar una visión compartida, comunicar la visión de manera efectiva, eliminar obstáculos, generar victorias a corto plazo, consolidar los avances y anclar los cambios en la cultura de la organización.

Si bien Kotter se centra en el cambio organizacional, muchos de sus principios y conceptos son aplicables al coaching ejecutivo y al cambio a nivel individual. El modelo de ocho pasos de Kotter proporciona un marco sólido para guiar a los individuos en el proceso de cambio, alienta la creación de un sentido de urgencia y enfatiza la importancia de la comunicación efectiva y el liderazgo comprometido.

Ambos autores, Bridges y Kotter, ofrecen perspectivas valiosas sobre cómo gestionar el cambio en diferentes contextos, ya sea a nivel personal, profesional u organizacional. Sus obras son recursos importantes para los coaches ejecutivos, ya que brindan herramientas y estrategias que pueden adaptarse a las necesidades individuales de los clientes y ayudarles a enfrentar los desafíos del cambio de manera efectiva.

Se puede concluir que, el fomento del cambio es una parte integral del coaching ejecutivo, ya que el cambio es esencial para el crecimiento y el desarrollo profesionales. Al utilizar la teoría del cambio conductual y las estrategias específicas de intervención en cada etapa, el coach ejecutivo puede ayudar al cliente a avanzar hacia su objetivo de manera efectiva y sostenible.

Es importante recordar que cada cliente es único y se encuentra en diferentes etapas del cambio, por lo que es fundamental que el coach se adapte a cada situación y necesidad individual, utilizando técnicas adecuadas. Además, el éxito del fomento del cambio radica en la participación activa y compromiso del cliente, por lo que es importante crear una relación empática y de confianza desde el comienzo del coaching.

Concluyendo, el fomento del cambio es una herramienta poderosa en el coaching ejecutivo que puede ayudar a los clientes a alcanzar su máximo potencial y avanzar hacia sus objetivos profesionales. Al utilizar la teoría del cambio conductual, el coach puede entender las diferentes etapas del cambio y aplicar estrategias específicas de intervención para apoyar a los clientes durante el proceso de cambio. Al adaptar las estrategias a las necesidades individuales de cada cliente, el fomento del cambio puede ser altamente efectivo y duradero.

Referencias bibliográficas:

Prochaska y Di Clemente (1983) "La etapa de cambio en la adicción conductual"

Waters, L. & Stokes, P. (2018). Executive Coaching Psychology: A Practitioner's Guide. Routledge.

Bridges, W. (2004). Transitions: Making Sense of Life's Changes. Da Capo Press.

John P. Kotter (1996)"Leading Change: Why Transformation Efforts Fail"

Cap.8

Establecimiento de Responsabilidad:
Cómo mantener al cliente enfocado y responsable

 En el ámbito del coaching ejecutivo, el establecimiento de responsabilidad es una herramienta fundamental para mantener a los clientes enfocados en sus objetivos y asegurarse de que asuman la responsabilidad de su propio crecimiento y desarrollo. En este capítulo, exploraremos la importancia de establecer responsabilidad en el coaching ejecutivo y cómo se puede implementar de manera efectiva. Utilizaremos como referencia bibliográfica principal el artículo "Cuando la delegación da una mala reputación" de Francesca Gino y Max H. Bazerman (2009).

1: El papel de la responsabilidad en el coaching ejecutivo

En el ámbito del coaching ejecutivo, la responsabilidad desempeña un papel fundamental en el desarrollo y crecimiento de los clientes.

Implica que los individuos asuman la propiedad de su propio proceso de cambio y estén dispuestos a mantenerse enfocados en sus objetivos, tomar acciones concretas y rendir cuentas de sus acciones y resultados.

En este sentido, la responsabilidad se convierte en un elemento clave para el éxito en el coaching ejecutivo.

1.1 Definición de responsabilidad en el contexto del coaching ejecutivo

En el contexto del coaching ejecutivo, la responsabilidad se refiere a la capacidad de los clientes para asumir la responsabilidad de su propio crecimiento y desarrollo. Implica ser consciente de sus metas y objetivos, así como tomar las medidas necesarias para alcanzarlos. La responsabilidad se relaciona con la disposición de los clientes para asumir el control de su vida profesional y comprometerse con el proceso de cambio.

Cuando los clientes son responsables, están dispuestos a enfrentar los desafíos que se presenten en su camino y a tomar decisiones informadas y efectivas. Asimismo, están dispuestos a aprender de sus experiencias y a utilizarlas como oportunidades para el crecimiento y la mejora continua.

1.2 Importancia de establecer responsabilidad

El establecimiento de responsabilidad es esencial en el coaching ejecutivo por varias razones:

1.2.1 Mantener el enfoque en los objetivos: La responsabilidad ayuda a los clientes a mantenerse enfocados en sus metas y objetivos. Les permite recordar constantemente qué están tratando de lograr y les proporciona la motivación necesaria para seguir adelante. Al establecer responsabilidad, los clientes pueden evitar distracciones y mantener la atención en lo que realmente importa.

1.2.2 Empoderamiento y control: La responsabilidad brinda a los clientes un sentido de empoderamiento y control sobre su propio progreso. Al asumir la responsabilidad de su crecimiento y desarrollo, los clientes se convierten en agentes activos en su propio cambio. Esto les permite tomar decisiones informadas y conscientes que estén alineadas con sus valores y objetivos.

1.2.3 Motivación y probabilidad de éxito: La responsabilidad aumenta la motivación de los clientes, ya que les proporciona un incentivo para cumplir con sus compromisos y responsabilidades.

Al rendir cuentas de sus acciones y resultados, los clientes se comprometen más con el proceso de cambio y se esfuerzan por lograr resultados positivos. Esto, a su vez, aumenta la probabilidad de éxito en el coaching ejecutivo.

La importancia del establecimiento de responsabilidad en el coaching ejecutivo radica en su capacidad para mantener a los clientes comprometidos, enfocados y motivados en su viaje de desarrollo. A través de la responsabilidad, los clientes se convierten en agentes activos en su propio crecimiento y están mejor equipados para enfrentar los desafíos que surjan en su camino hacia el éxito profesional.

2: Estrategias para establecer responsabilidad en el coaching ejecutivo

2.1 Establecimiento de metas claras y medibles

El establecimiento de metas claras y medibles es una estrategia fundamental para mantener a los clientes enfocados y responsables en el coaching ejecutivo. Las metas deben ser específicas, alcanzables y tener plazos definidos. Al tener metas claras, los clientes tienen una dirección clara hacia la cual trabajar y pueden evaluar su progreso de manera objetiva.

Un ejemplo de esta estrategia sería el establecimiento de una meta SMART (específica, medible, alcanzable, relevante y con un tiempo definido). Por ejemplo, un cliente podría establecer la meta de aumentar su productividad laboral en un 20% en los próximos tres meses. Esta meta cumple con los criterios SMART, ya que es específica (aumento de productividad en un 20%), medible (se puede evaluar el porcentaje de incremento), alcanzable (dentro de las posibilidades del cliente), relevante (relacionada con su desarrollo profesional) y con un tiempo definido (tres meses).

Además, se pueden utilizar herramientas como el seguimiento de progreso y el establecimiento de hitos para mantener a los clientes en el camino correcto. Por ejemplo, el coach y el cliente pueden establecer hitos intermedios a lo largo del proceso de coaching, lo que permite evaluar el progreso y ajustar las estrategias si es necesario.

2.2 Creación de un sistema de rendición de cuentas

Otra estrategia efectiva para establecer responsabilidad en el coaching ejecutivo es implementar un sistema de rendición de cuentas. Esto implica establecer reuniones regulares de seguimiento, donde los clientes informan sobre sus acciones y resultados, y el coach proporciona retroalimentación y orientación.

Un ejemplo de esta estrategia es programar sesiones de coaching regulares, en las que el cliente debe presentar un informe de progreso y discutir las acciones tomadas desde la última sesión. Durante estas reuniones, el coach puede brindar apoyo y retroalimentación constructiva, así como ayudar al cliente a superar cualquier desafío u obstáculo que haya surgido.

Además de las reuniones de seguimiento, también se pueden utilizar herramientas como los diarios de progreso. En ellos, los clientes registran y reflexionan sobre sus acciones, sus desafíos y sus logros. Estos diarios les permiten evaluar su propio progreso, identificar patrones y áreas de mejora, y asumir la responsabilidad de su crecimiento personal y profesional.

2.3 Fomento de la autorreflexión y la autorresponsabilidad

La autorreflexión y la autorresponsabilidad son habilidades clave que los clientes deben desarrollar en el coaching ejecutivo. Fomentar esta capacidad les permite examinar sus propias acciones, identificar áreas de mejora y asumir la responsabilidad de sus decisiones y resultados.

Una estrategia para fomentar la autorreflexión es utilizar técnicas de pregunta reflexiva. El coach puede plantear preguntas poderosas que inviten al cliente a reflexionar sobre sus acciones, sus creencias y sus metas. Por ejemplo, el coach podría preguntar: "¿Qué te impide avanzar hacia tus objetivos?" o "¿Qué puedes hacer de manera diferente para lograr un resultado diferente?"

Estas preguntas desafían al cliente a examinar su propio comportamiento y a encontrar soluciones desde su propia perspectiva.

Además, el coach puede emplear el desafío constructivo para fomentar la autorresponsabilidad. Esto implica desafiar las creencias limitantes o los patrones de comportamiento poco efectivos del cliente, alentándolo a tomar acciones diferentes y asumir la responsabilidad de sus resultados. Por ejemplo, el coach podría desafiar al cliente diciendo: "¿Qué pasaría si te atrevieras a tomar ese riesgo que estás evitando? ¿Cómo crees que eso podría impactar tu progreso?" Estos desafíos constructivos ayudan al cliente a expandir su perspectiva y a asumir un mayor grado de responsabilidad en su desarrollo.

En conclusión, establecer responsabilidad en el coaching ejecutivo es esencial para el éxito del proceso. Las estrategias mencionadas, como el establecimiento de metas claras y medibles, la creación de un sistema de rendición de cuentas y el fomento de la autorreflexión y la autorresponsabilidad, son herramientas efectivas para mantener a los clientes enfocados y comprometidos con su propio crecimiento y desarrollo.

3: El artículo "Cuando la delegación da una mala reputación" de Gino y Bazerman

En esta sección, exploraremos en detalle el artículo titulado *"Cuando la delegación da una mala reputación" escrito por Francesca Gino y Max H. Bazerman en 2009.* Este artículo ofrece una perspectiva valiosa sobre cómo la delegación efectiva puede contribuir al establecimiento de responsabilidad y a desarrollar confianza en el entorno profesional.

El artículo comienza destacando que muchos líderes se sienten renuentes a delegar responsabilidades debido a temores relacionados con la pérdida de control o a la posibilidad de que los subordinados cometan errores costosos. Sin embargo, Gino y Bazerman argumentan que una delegación adecuada puede empoderar a los empleados y fortalecer su sentido de responsabilidad, así como también construir una cultura de confianza y desarrollo en el equipo.

Una de las principales contribuciones del artículo es la identificación de los problemas asociados con una delegación inadecuada. Los autores señalan que la falta de delegación puede llevar a una sobrecarga de trabajo para los líderes, provocar la pérdida de oportunidades de desarrollo para los subordinados y generar un ambiente de desconfianza y falta de responsabilidad. Además, cuando los líderes no delegan efectivamente, envían el mensaje implícito de que no confían en las capacidades de su equipo, lo que puede afectar negativamente la motivación y la satisfacción laboral.

Para evitar estos problemas, Gino y Bazerman ofrecen consejos prácticos para una delegación efectiva. Uno de los aspectos clave es la importancia de seleccionar las tareas adecuadas para delegar. Los líderes deben evaluar cuidadosamente las habilidades y competencias de sus subordinados y asignarles responsabilidades que se alineen con sus capacidades y metas de desarrollo. Esto permite que los empleados se sientan valorados y responsables de su trabajo, lo que a su vez fomenta un mayor compromiso y rendimiento.

Además, el artículo destaca la importancia de establecer claridad en las expectativas y los objetivos al delegar. Los líderes deben comunicar de manera efectiva qué se espera de los subordinados, proporcionarles los recursos necesarios y establecer plazos claros. Esta transparencia facilita que los empleados comprendan sus responsabilidades y se mantengan enfocados en los resultados deseados. El artículo también destaca la relevancia de brindar apoyo y retroalimentación constante a los subordinados durante el proceso de delegación. Los líderes deben estar disponibles para responder preguntas, proporcionar orientación y ofrecer reconocimiento por el trabajo bien hecho. Esta retroalimentación positiva y constructiva ayuda a los empleados a sentirse respaldados, motivados y comprometidos con su responsabilidad.

En resumen, el artículo *"Cuando la delegación da una mala reputación" de Gino y Bazerman* proporciona una visión perspicaz sobre el papel de la delegación efectiva en el establecimiento de responsabilidad y el desarrollo de confianza en el entorno laboral. Destaca los problemas asociados con una delegación inadecuada y ofrece consejos prácticos para que los líderes puedan delegar de manera efectiva, empoderando a sus empleados y creando un entorno de responsabilidad y confianza.

Referencias bibliográficas:

Gino, F., & Bazerman, M. H. (2009). Cuando la delegación da una mala reputación. Harvard Business Review, 87(10), 26-27.

Cap.9

Evaluación de Progreso: Cómo medir el éxito del proceso de Coaching Ejecutivo

En este capítulo, vamos a ver la importancia de la evaluación de progreso en el coaching ejecutivo y cómo medir el éxito del proceso. La evaluación de progreso es una herramienta fundamental que permite a los coaches y a los clientes evaluar los resultados obtenidos, identificar áreas de mejora y garantizar que se estén logrando los objetivos establecidos. Para abordar este tema, nos apoyaremos en el libro *"Evidence-Based Coaching Handbook: Putting Best Practices to Work for Your Clients"* de Stober y Grant (2006).

1. Importancia de la evaluación de progreso en el coaching ejecutivo

La evaluación de progreso en el coaching ejecutivo es fundamental para medir y evaluar los avances y resultados obtenidos durante el proceso. Proporciona una forma objetiva de analizar el progreso realizado por el cliente y permite tanto al cliente como al coach obtener una visión clara y realista de los logros alcanzados.

Una de las principales ventajas de la evaluación de progreso es su capacidad para identificar qué está funcionando y qué no lo está en el proceso de coaching. Permite analizar las estrategias y técnicas utilizadas, así como la efectividad de las acciones emprendidas por el cliente. Esta retroalimentación objetiva ayuda al coach y al cliente a ajustar y adaptar el enfoque de coaching para maximizar los resultados positivos.

Además, la evaluación de progreso es esencial para identificar las fortalezas y áreas de mejora del cliente. A través de la evaluación, se pueden destacar los puntos fuertes que han contribuido al éxito del cliente, lo cual es importante para reforzar su confianza y motivación. Por otro lado, también se pueden identificar las áreas en las que el cliente necesita mejorar o trabajar más intensamente. Esto permite establecer nuevas metas y acciones específicas que ayudarán a superar los desafíos identificados.

Un ejemplo concreto de la importancia de la evaluación de progreso en el coaching ejecutivo se puede observar en el caso de un cliente que busca desarrollar habilidades de liderazgo. Durante el proceso de coaching, se establecen metas y acciones para mejorar las habilidades de liderazgo del cliente. A través de la evaluación de progreso, se puede medir el nivel de mejora en áreas como la comunicación, la toma de decisiones y la gestión de equipos. Si la evaluación muestra un progreso significativo en estas áreas, el cliente y el coach sabrán que están en el camino correcto y podrán continuar fortaleciendo las habilidades de liderazgo. Por el contrario, si la evaluación revela que el cliente no ha logrado avances significativos, se pueden identificar los obstáculos o deficiencias que impiden el crecimiento y se pueden implementar estrategias alternativas para superarlos.

Entonces, la evaluación de progreso en el coaching ejecutivo es crucial para medir el éxito y la efectividad del proceso. Proporciona una visión objetiva de los avances realizados, identifica las fortalezas y áreas de mejora del cliente, y permite realizar ajustes necesarios para maximizar el potencial de crecimiento y desarrollo. Al proporcionar información valiosa y retroalimentación objetiva, la evaluación de progreso se convierte en una herramienta poderosa para impulsar el éxito del cliente en su camino hacia el logro de sus metas y objetivos.

2. Objetivos de la evaluación de progreso

La evaluación de progreso en el coaching ejecutivo tiene varios objetivos clave que contribuyen al éxito del proceso y al desarrollo del cliente. Estos objetivos ayudan a medir los resultados, identificar barreras y desafíos, y promover la retroalimentación y la mejora continua.

A continuación, se explorarán cada uno de estos objetivos en detalle, ofreciendo ejemplos prácticos y citas de las referencias bibliográficas previamente mencionadas.

2.1. Medición de resultados

Uno de los objetivos principales de la evaluación de progreso es medir los resultados obtenidos durante el proceso de coaching ejecutivo. Esto implica evaluar hasta qué punto se han alcanzado los objetivos establecidos al inicio del proceso. La medición de resultados proporciona una visión clara y cuantitativa de los logros obtenidos, permitiendo tanto al cliente como al coach reconocer y celebrar los éxitos alcanzados.

Un ejemplo práctico de medición de resultados en el coaching ejecutivo puede ser el caso de un cliente que busca mejorar su equilibrio entre el trabajo y la vida personal. Al inicio del proceso, se establece el objetivo de dedicar al menos tres horas diarias a actividades personales. Durante la evaluación de progreso, se utiliza un registro diario de tiempo para medir la cantidad de horas dedicadas a actividades personales. Si la evaluación muestra que el cliente ha logrado dedicar al menos tres horas diarias a actividades personales en la mayoría de los días, se considerará un resultado positivo y un logro en el objetivo establecido.

La importancia de la medición de resultados se destaca en la siguiente cita de la referencia bibliográfica proporcionada:

"El seguimiento y la medición del progreso hacia las metas son componentes clave del proceso de coaching. Sin una medición clara y objetiva, es difícil evaluar los avances y ajustar las estrategias según sea necesario" (Stober & Grant, 2006).

2.2. Identificación de barreras y desafíos

Otro objetivo importante de la evaluación de progreso es identificar las barreras y desafíos que puedan estar obstaculizando el progreso del cliente. A través de la evaluación, tanto el cliente como el coach pueden identificar los obstáculos que dificultan el logro de los objetivos establecidos. Esto permite una comprensión más profunda de las dificultades y proporciona una base para el desarrollo de estrategias y soluciones efectivas.

Por ejemplo, en el caso de un cliente que busca mejorar sus habilidades de comunicación en el entorno laboral, la evaluación de progreso puede revelar que el cliente ha tenido dificultades para expresar sus ideas de manera clara y concisa durante las reuniones. Esta información permite al coach y al cliente explorar las causas subyacentes de esta dificultad, como la falta de confianza o la falta de conocimiento sobre técnicas de comunicación efectiva. Con esta comprensión, se pueden desarrollar planes de acción específicos para abordar y superar estas barreras.

La identificación de barreras y desafíos se aborda en el siguiente extracto del libro de referencia:

"La evaluación de progreso permite identificar las barreras y desafíos que enfrenta el cliente y trabajar junto con el coach para superarlos. Al reconocer y abordar estas barreras, se crea un camino más claro hacia el logro de los objetivos" (Stober & Grant, 2006).

2.3. Retroalimentación y mejora continua

La evaluación de progreso también proporciona una valiosa oportunidad para recibir retroalimentación sobre el desempeño del cliente y el proceso de coaching en sí mismo. Esta retroalimentación permite ajustar y mejorar las estrategias y enfoques utilizados durante el coaching. La retroalimentación puede provenir tanto del coach como del cliente, y se basa en la información recopilada durante la evaluación de progreso.

Por ejemplo, durante una sesión de evaluación de progreso, el coach puede proporcionar retroalimentación al cliente sobre sus fortalezas y áreas de mejora en relación con los objetivos establecidos. Además, el cliente puede proporcionar retroalimentación sobre qué técnicas o enfoques han sido más efectivos para su crecimiento y desarrollo. Esta retroalimentación bidireccional ayuda a personalizar el proceso de coaching, ajustándolo a las necesidades y preferencias específicas del cliente.

"La retroalimentación es esencial para el crecimiento y desarrollo del cliente. A través de la evaluación de progreso, se pueden identificar áreas de mejora y realizar ajustes para maximizar los resultados" (Stober & Grant, 2006).

En resumen, la evaluación de progreso en el coaching ejecutivo tiene objetivos cruciales que contribuyen al éxito del proceso. Estos objetivos incluyen la medición de resultados, la identificación de barreras y desafíos, y la retroalimentación para la mejora continua. A través de la evaluación de progreso, tanto el cliente como el coach pueden obtener una comprensión clara de los logros obtenidos, superar obstáculos y ajustar estrategias para maximizar el crecimiento y desarrollo del cliente.

3. Métodos de evaluación de progreso

La evaluación de progreso en el coaching ejecutivo se puede llevar a cabo utilizando diversos métodos que brindan información objetiva y subjetiva sobre el desarrollo y los resultados del cliente. A continuación, se describen tres métodos comunes utilizados en el proceso de evaluación de progreso:

3.1. Entrevistas y cuestionarios

Las entrevistas estructuradas y los cuestionarios son herramientas eficaces para recopilar información cualitativa y subjetiva sobre el progreso del cliente. A través de entrevistas individuales, el coach puede explorar los cambios percibidos por el cliente, las lecciones aprendidas y los desafíos enfrentados durante el proceso de coaching. Estas entrevistas brindan la oportunidad de profundizar en las experiencias y las percepciones del cliente, lo que ayuda a obtener una comprensión más completa del impacto del coaching en su desarrollo. Además, los cuestionarios pueden utilizarse para recopilar información de manera más estructurada y permitir una comparación más fácil de los resultados a lo largo del tiempo.

Por ejemplo, el coach puede utilizar una entrevista estructurada para explorar cómo el cliente ha aplicado las habilidades de liderazgo aprendidas durante el proceso de coaching en situaciones laborales específicas. A través de esta entrevista, se pueden identificar patrones de comportamiento, obstáculos y éxitos, y se pueden proporcionar recomendaciones adicionales para el crecimiento continuo del cliente.

3.2. Medición de indicadores clave

La medición de indicadores clave de desempeño (KPIs) es otra estrategia efectiva para evaluar el progreso en el coaching ejecutivo. Estos indicadores se seleccionan en función de los objetivos y metas específicas establecidas al inicio del proceso de coaching. Los KPIs pueden ser tanto cuantitativos como cualitativos y se utilizan para medir el impacto del coaching en áreas clave de desarrollo.

Por ejemplo, si el objetivo del cliente es mejorar su capacidad de liderazgo, se pueden establecer indicadores cuantitativos, como el aumento en la efectividad de la comunicación con el equipo o la mejora en los resultados de satisfacción del equipo. Estos indicadores se pueden medir mediante encuestas, evaluaciones 360 grados u otras herramientas de medición objetiva. Al monitorear regularmente estos indicadores, tanto el cliente como el coach pueden evaluar el progreso y realizar ajustes necesarios en el enfoque de coaching.

3.3. Evaluaciones 360 grados

Las evaluaciones 360 grados son una herramienta valiosa en el proceso de evaluación de progreso. Estas evaluaciones implican recopilar retroalimentación de diversas fuentes, como colegas, subordinados y superiores, sobre el desempeño y el impacto del cliente en el entorno laboral. La retroalimentación se recopila de manera confidencial y se combina para proporcionar una visión integral del desarrollo y las áreas de mejora del cliente.

Por ejemplo, mediante una evaluación 360 grados, el cliente puede recibir retroalimentación sobre su capacidad de liderazgo, habilidades de comunicación, toma de decisiones y trabajo en equipo. Esta información permite al cliente y al coach obtener una visión más completa del desempeño y la percepción del cliente en diferentes áreas de competencia. A partir de esta evaluación, se pueden identificar fortalezas que se deben mantener y áreas de mejora que se deben abordar en futuras sesiones de coaching.

Resumiendo, el uso de métodos de evaluación como entrevistas y cuestionarios, medición de indicadores clave y evaluaciones 360 grados proporciona una visión completa del progreso y los resultados obtenidos durante el coaching ejecutivo. Estos métodos permiten recopilar información valiosa para la toma de decisiones, el ajuste de estrategias y el diseño de planes de acción personalizados para el crecimiento continuo del cliente.

4. Uso de la evaluación de progreso para el crecimiento continuo

La evaluación de progreso en el coaching ejecutivo va más allá de simplemente medir resultados; también desempeña un papel fundamental en el impulso del crecimiento continuo del cliente. Al analizar los resultados obtenidos durante la evaluación, se obtiene información valiosa que permite planificar acciones futuras y establecer nuevos objetivos de desarrollo. Esta fase de la evaluación se enfoca en el aprendizaje y la mejora continua del cliente.

La información recopilada durante la evaluación de progreso proporciona una base sólida para identificar áreas de mejora y diseñar estrategias personalizadas de desarrollo. Por ejemplo, si durante la evaluación se descubre que el cliente tiene dificultades para manejar el estrés en el entorno laboral, se puede utilizar esa información para establecer un nuevo objetivo de desarrollo centrado en el manejo del estrés y diseñar un plan de acción específico para abordar esta área de mejora.

El uso de la evaluación de progreso para el crecimiento continuo se fundamenta en la idea de que el coaching ejecutivo es un proceso evolutivo y que el aprendizaje y el desarrollo no se detienen una vez que se alcanzan los objetivos iniciales. Es un enfoque que fomenta la reflexión, el aprendizaje y la adaptación continua.

Un ejemplo didáctico para ilustrar el uso de la evaluación de progreso en el crecimiento continuo es el siguiente:

Supongamos que un cliente se ha propuesto como objetivo mejorar su liderazgo en el equipo y ha trabajado en el desarrollo de habilidades de comunicación y delegación. Durante la evaluación de progreso, se recopila información sobre el avance en estas áreas y se obtiene retroalimentación de los miembros del equipo y de otros colegas. Los resultados de la evaluación muestran que el cliente ha logrado mejorar significativamente su habilidad para comunicarse de manera efectiva y ha delegado tareas de manera más equitativa.

Sin embargo, durante el proceso de evaluación, se descubre que el cliente aún enfrenta desafíos para proporcionar retroalimentación constructiva y manejar conflictos dentro del equipo. Esta información se utiliza para establecer un nuevo objetivo de desarrollo centrado en el manejo de conflictos y se diseñan estrategias específicas para abordar esta área de mejora. El cliente y el coach trabajan juntos para desarrollar habilidades de resolución de conflictos y practican escenarios de retroalimentación constructiva para impulsar el crecimiento continuo en el área del liderazgo.

La utilización de la evaluación de progreso para el crecimiento continuo se basa en la siguiente idea:

"La evaluación de progreso proporciona información valiosa que puede ser utilizada para planificar acciones futuras y establecer nuevos objetivos de desarrollo. Es un proceso continuo de aprendizaje y mejora" (Stober & Grant, 2006).

En conclusión, el uso de la evaluación de progreso en el coaching ejecutivo no se limita a medir resultados, sino que también impulsa el crecimiento continuo del cliente. A través de la identificación de áreas de mejora y el diseño de estrategias personalizadas, se promueve el aprendizaje y la mejora constante. La evaluación de progreso se convierte así en una herramienta poderosa para el desarrollo del cliente y para maximizar su potencial de crecimiento en el ámbito profesional.

Referencia bibliográfica:

Stober, D. R., & Grant, A. M. (2006). Evidence-Based Coaching Handbook: Putting Best Practices to Work for Your Clients. John Wiley & Sons.

Cap. 10

Sintetizando los 10 puntos para un proceso de coaching ejecutivo de éxito

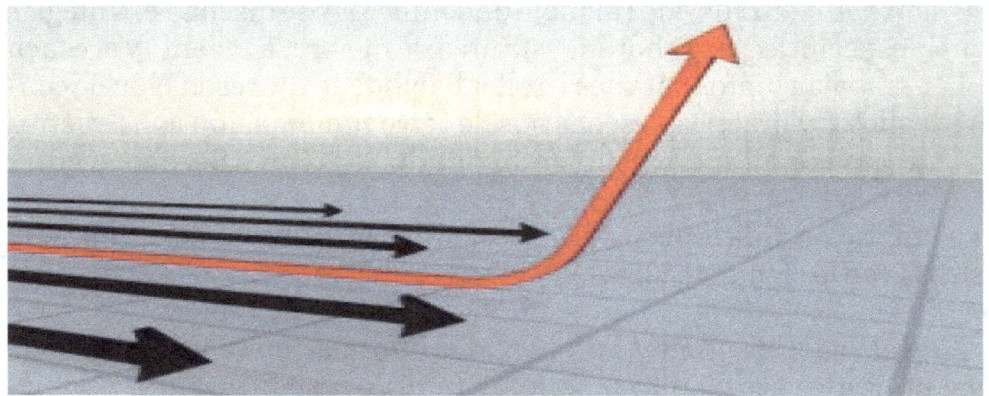

En la conclusión de este capítulo, se sintetizarán los 10 puntos fundamentales para lograr un proceso de Coaching Ejecutivo exitoso, tomando como referencia las investigaciones de Grant y Cavanagh en su libro "Fundamentos del Coaching Ejecutivo" (2014). Estas claves proporcionan una guía práctica para los coaches y clientes que desean obtener los mejores resultados en el ámbito del coaching ejecutivo.

A continuación, se presentará un resumen y síntesis de estos 10 puntos, con una cita de algún autor que haya desarrollado su trabajo en ellas:

1. Establecer una relación de confianza: La construcción de una relación de confianza sólida entre el coach y el cliente es fundamental para el éxito del proceso. Esto implica crear un ambiente seguro y confidencial donde el cliente se sienta cómodo compartiendo sus metas, desafíos y vulnerabilidades.

"La confianza es el ingrediente clave para cualquier relación de coaching exitosa. Sin confianza, la colaboración se ve obstaculizada y los resultados se ven limitados. Es fundamental construir un espacio de confianza en el que el cliente se sienta seguro y cómodo para explorar y crecer". - John Whitmore, autor de "Coaching for Performance".

2. Definir metas claras y específicas: Es importante establecer metas claras y específicas que sean alcanzables y orientadas al crecimiento y desarrollo del cliente. Estas metas deben estar alineadas con la visión y los valores del cliente.

"Una meta bien definida es la mitad del éxito. Al establecer metas claras y específicas, se proporciona una dirección clara para el cliente y se aumenta la probabilidad de lograr resultados tangibles y significativos". - Michael Neenan y Windy Dryden, autores de "Life Coaching: A Cognitive-Behavioural Approach".

3. Adoptar un enfoque basado en fortalezas: El coaching ejecutivo se centra en identificar y desarrollar las fortalezas del cliente. Se trata de potenciar las habilidades existentes y buscar oportunidades para que el cliente brille en su rol ejecutivo.

"Enfocarse en las fortalezas de un individuo no solo maximiza su potencial, sino que también crea un sentido de empoderamiento y motivación. Al identificar y desarrollar las fortalezas, se fomenta un crecimiento sostenible y un rendimiento excepcional". - Alex Linley y Stephen Joseph, autores de "Positive Psychology in Practice".

4. Fomentar la autorreflexión y el autoconocimiento: El coach ayuda al cliente a explorar y comprender sus propios patrones de pensamiento, creencias y comportamientos. La autorreflexión y el autoconocimiento son fundamentales para el crecimiento personal y profesional.

"La autorreflexión es la brújula interna que guía el crecimiento personal y profesional. Al explorar nuestras propias creencias, valores y patrones de pensamiento, podemos desarrollar una comprensión más profunda de nosotros mismos y tomar decisiones más informadas". - Sir John Whitmore, autor de "Coaching for Performance".

5. Diseñar un plan de acción: Es necesario desarrollar un plan de acción claro y realista que incluya pasos concretos para alcanzar las metas establecidas. El coach apoya al cliente en la identificación de los recursos necesarios y en la superación de posibles obstáculos.

"Un plan de acción bien diseñado es el puente que conecta los objetivos con los resultados. Al establecer pasos concretos, plazos y recursos necesarios, se transforman las metas en acciones tangibles y alcanzables". - Timothy Gallwey, autor de "The Inner Game of Work".

6. Proporcionar retroalimentación constructiva: El coach brinda retroalimentación honesta y constructiva al cliente, resaltando sus fortalezas y áreas de mejora. Esta retroalimentación es esencial para el aprendizaje y el crecimiento.

"La retroalimentación es un regalo que impulsa el crecimiento. Al proporcionar retroalimentación honesta y constructiva, se brinda al cliente la oportunidad de aprender, adaptarse y mejorar continuamente". - Marshall Goldsmith, autor de "Triggers: Creating Behavior That Lasts".

7. Establecer responsabilidad y rendición de cuentas: El cliente debe asumir la responsabilidad de su propio crecimiento y desarrollo. El coach ayuda a mantener al cliente enfocado y responsable, estableciendo mecanismos de rendición de cuentas.

"La responsabilidad es la llave que desbloquea el compromiso y la acción. Al establecer mecanismos de rendición de cuentas, se fomenta la responsabilidad personal y se fortalece el compromiso hacia el logro de los objetivos". - Sir John Whitmore, autor de "Coaching for Performance".

8. Adaptar el enfoque a las necesidades individuales: Cada cliente es único, por lo que el coach debe adaptar su enfoque y técnicas según las necesidades y preferencias del cliente. Esto implica ser flexible y ajustarse a diferentes estilos de aprendizaje y personalidades.

"Cada cliente es único y merece un enfoque personalizado. Al adaptar las técnicas y estrategias de coaching a las necesidades individuales, se promueve un mayor compromiso y se potencia el crecimiento personal y profesional". - Laura Whitworth, Karen Kimsey-House y Henry Kimsey-House, autores de "Co-Active Coaching".

9. Mantener la confidencialidad: La confidencialidad es un aspecto crucial en el coaching ejecutivo. El coach debe garantizar la privacidad y confidencialidad de la información compartida por el cliente.

"La confidencialidad y la ética son pilares fundamentales en el coaching ejecutivo. Al garantizar la privacidad y la confianza, se crea un entorno seguro para el cliente, fomentando una apertura honesta y un trabajo en profundidad". - Pamela McLean, autora de "Self as Coach, Self as Leader".

10. Evaluar el progreso y los resultados: La evaluación periódica del progreso y los resultados es esencial para medir el éxito del proceso de coaching ejecutivo. Esto implica utilizar herramientas y técnicas de evaluación para obtener una visión clara de los logros y ajustar el enfoque si es necesario.

"La celebración de los logros es una poderosa herramienta motivacional. Al evaluar el progreso realizado y reconocer los hitos alcanzados, se refuerza la confianza y se genera un impulso positivo hacia el crecimiento continuo". - David Peterson y Stephen Smith, autores de "Executive Coaching: A Guide for the HR Professional".

Para terminar, espero que con estos 10 puntos, te proporcionen una base sólida para un proceso de coaching ejecutivo exitoso. Al seguir estos principios, tanto los coaches como los clientes pueden maximizar su potencial de crecimiento y lograr resultados significativos en el ámbito profesional.

Cap.11

Liderazgo Efectivo:
Clave para el Éxito de una Organización

La idea de liderazgo ha existido desde tiempos inmemoriales y ha sido ampliamente estudiada a lo largo de la historia. El liderazgo efectivo es fundamental para el éxito de cualquier organización, ya que proporciona una plataforma para que los líderes motiven y dirijan a sus equipos hacia un objetivo común. En este capítulo, discutiremos los diferentes enfoques en el liderazgo, los tipos de liderazgo y las estrategias de liderazgo efectivo para aprovechar al máximo el liderazgo en una organización.

Enfoques en el liderazgo

Los dos enfoques principales en el liderazgo, el de los rasgos y el conductual, han sido ampliamente estudiados por académicos y expertos en liderazgo durante muchos años. Cada enfoque tiene su propia teoría y conjunto de habilidades necesarias para un liderazgo efectivo.

Enfoque de los rasgos

El enfoque de los rasgos en el liderazgo se inició en la década de 1900 y sugirió que ciertas características, habilidades y rasgos de personalidad son las que hacen a alguien un líder efectivo. Estas habilidades incluyen la inteligencia emocional y la capacidad de comunicación efectiva.

La inteligencia emocional es la capacidad de reconocer, entender y gestionar las emociones de uno mismo y de los demás. *Según Goleman (1995)*, la inteligencia emocional es una característica crucial de un líder efectivo. La comunicación efectiva también es un elemento importante en el liderazgo, ya que permite una comunicación clara y abierta, lo que ayuda a construir relaciones confiables y fomenta la cooperación y la colaboración en el equipo.

Otros rasgos comúnmente asociados con un liderazgo efectivo incluyen la creatividad, la confianza, el conocimiento en su área de trabajo, la capacidad para tomar decisiones efectivas y la capacidad para motivar a otros.

Sin embargo, aunque la teoría de los rasgos se ha utilizado hasta cierto punto en la investigación moderna del liderazgo, se ha criticado por ser demasiado simplista y no considerar otros factores que pueden influir en el liderazgo efectivo.

Enfoque Conductual

El enfoque conductual en el liderazgo, por otro lado, se centra en los patrones de comportamiento de los líderes que contribuyen a su efectividad como líderes. En lugar de centrarse en características personales, este enfoque se enfoca en lo que hacen los líderes y cómo lo hacen.

Los estudios de conducta en el liderazgo comenzaron en la década de 1940, con investigadores como Kurt Lewin y sus seguidores. Un estudio temprano realizado por *Lewin, Lippitt y White (1939)* comparó tres estilos de liderazgo en un grupo de niños, descubriendo que un estilo "democrático" de liderazgo se asoció con un mayor rendimiento y la satisfacción del grupo.

Los patrones de comportamiento asociados con un liderazgo efectivo incluyen la forma en que un líder motiva y dirige a su equipo, cómo establece objetivos y prioridades, maneja conflictos y proporciona retroalimentación efectiva. Los líderes efectivos también tienen habilidades de delegación efectiva, lo que les permite aprovechar los recursos y el talento de su equipo.

Varios teóricos han trabajado en la elaboración del enfoque conductual en el liderazgo, entre los que se incluyen Douglas McGregor, Abraham Maslow y más recientemente, Goleman. *McGregor* es conocido por su *Teoría X / Teoría Y*, que sugiere que los líderes que operan bajo la premisa de que los seres humanos son perezosos y necesitan ser controlados (Teoría X) son menos efectivos que aquellos que operan bajo la premisa de que los seres humanos tienen una tendencia natural a querer trabajar y ser productivos (Teoría Y). *Maslow es conocido por su teoría de la jerarquía de las necesidades*, que sugiere que un líder efectivo debe satisfacer las necesidades individuales de sus miembros del equipo antes de poder motivarlos a trabajar hacia un objetivo común. Goleman, por su parte, es conocido por su teoría de la inteligencia emocional, una habilidad conductual crucial para el liderazgo efectivo.

Vemos entonces que, el liderazgo efectivo puede ser un resultado de diferentes enfoques como el de los rasgos y el conductual. Mientras que el enfoque de los rasgos pone énfasis en las características y habilidades personales que hacen a alguien un líder efectivo, el enfoque conductual se enfoca en los patrones de comportamiento de un líder que contribuyen a su efectividad. Aunque cada enfoque tiene su propio conjunto de hábil y teorías, se pueden utilizar en conjunto para lograr un liderazgo más efectivo y completo.

Tipos de liderazgo

Existen diferentes tipos de liderazgo que se basan en los enfoques mencionados. A continuación, se presentarán algunas de las teorías más reconocidas en el estudio del liderazgo:

- **Liderazgo autocrático:** Este tipo de liderazgo implica que el líder toma todas las decisiones sin consultar a los miembros del equipo. Es un estilo de liderazgo dominante, donde el líder toma el control completo del equipo y es responsable de todas las decisiones y resultados. Este tipo de liderazgo puede generar descontento en el equipo, lo que puede reducir la motivación y el compromiso.

- **Liderazgo democrático**: Este estilo de liderazgo se caracteriza por fomentar la participación activa de los miembros del equipo en la toma de decisiones. El objetivo principal es garantizar que cada miembro del equipo tenga una voz en el proceso de toma de decisiones y se sienta valorado y escuchado. Esto aumenta el compromiso y la motivación del equipo, lo que puede mejorar el desempeño global.

- **Liderazgo transformacional:** Este tipo de liderazgo se centra en desarrollar al equipo y en crear un ambiente de trabajo positivo y enfocado en la innovación. Los líderes transformacionales inspiran a su equipo a dar su mejor esfuerzo y a ser más creativos. Son líderes que generan un cambio en su entorno y motivan a su equipo a superar las expectativas.

- **Liderazgo transaccional**: Este tipo de liderazgo se basa en la interacción entre los líderes y los miembros del equipo. El líder define las metas, tareas y expectativas, y luego proporciona recompensas y castigos tangibles según el desempeño del equipo. El líder transaccional se centra en establecer contratos con los miembros del equipo para alcanzar los objetivos deseados.

- **Liderazgo situacional**: Este tipo de liderazgo se centra en adaptar el enfoque de liderazgo según la situación o el equipo en particular. El líder puede elegir diferentes estilos de liderazgo, como autocrático, democrático o transformacional, según las necesidades y características específicas del equipo. El enfoque variable en el liderazgo situacional permite a los líderes adaptarse a las situaciones cambiantes en su organización.

- **Liderazgo carismático**: Este tipo de liderazgo se enfoca en encantar y motivar al equipo a través de la personalidad del líder. El líder carismático es inspirador y sobresaliente, capaz de comunicarse con su equipo para motivarlos a dar lo mejor de sí mismos. A menudo, tienen seguidores leales y comprometidos.

- **Liderazgo inspirador**: Este se centra en motivar al equipo a través de una visión compartida del futuro o de un objetivo en particular. Los líderes inspiran a su equipo a trabajar juntos hacia objetivos más grandes, proporcionando orientación y visión clara. A través de este tipo de liderazgo, el equipo se inspira para alcanzar metas más grandes a la vez que desarrolla capacidades para enfrentar nuevos desafíos.

En definitiva, se han encontrado diferentes teorías de liderazgo a lo largo del tiempo, y cada uno de los estilos puede afectar de forma diferente al liderazgo efectivo. Es importante tener una comprensión clara de cada uno de estos estilos y de cuándo y cómo utilizarlos para liderar con éxito y alcanzar los objetivos de la organización.

Estrategias de liderazgo efectivo

Liderar efectivamente es una habilidad esencial para cualquier líder, independientemente del nivel o contexto en que se desempeñe. A continuación, se profundizará en las estrategias mencionadas en el texto:

- **Delegación efectiva**: se refiere a la habilidad de asignar tareas y responsabilidades claras y realistas a los miembros del equipo. Esto requiere confiar en los miembros del equipo y brindarles el apoyo necesario para cumplir con sus responsabilidades asignadas. Un ejemplo de delegación efectiva podría ser un gerente de ventas asignando la tarea de realizar una presentación a un miembro del equipo que tenga experiencia en el tema, brindándole los recursos necesarios para realizar una presentación eficaz y proporcionando retroalimentación constructiva para mejorar el resultado final.

- **Retroalimentación constructiva**: se trata de proporcionar retroalimentación honesta, útil y constructiva a los miembros del equipo para mejorar su desempeño y ayudar a la organización a alcanzar sus objetivos. La retroalimentación constructiva ayuda a los miembros del equipo a comprender cómo pueden mejorar y utiliza un enfoque positivo y de mejora continua. Un ejemplo de retroalimentación constructiva podría ser un gerente que observa que un miembro del equipo tiene dificultades para seguir los procedimientos de trabajo, y en lugar de reprenderlo, ofrece sugerencias y consejos útiles sobre cómo mejorar.

- **Comunicación clara**: La comunicación clara implica transmitir información de manera efectiva y asegurarse de que los demás la comprendan correctamente. La comunicación clara se establece en un clima de confianza y respeto mutuo e implica tanto la escucha activa como la transmisión clara de mensajes. Un ejemplo de una comunicación efectiva podría ser el gerente de un departamento de recursos humanos que se comunica claramente con los miembros del equipo y los involucra en el proceso de toma de decisiones para asegurarse de que comprendan y estén comprometidos con los cambios en las políticas de recursos humanos.

- **Manejo efectivo del tiempo**: El manejo efectivo del tiempo es crucial para liderar efectivamente porque permite a los líderes realizar múltiples tareas de manera efectiva y sin estrés. Esto implica establecer prioridades, mantener un enfoque claro en los objetivos importantes y evitar la procrastinación. Un ejemplo de manejo efectivo del tiempo podría ser un gerente que establece una lista diaria de tareas importantes y asegura que estén completas antes de trabajar en tareas menos importantes o menos urgentes.

- **Retroalimentación lograda a través de la administración de reuniones**: Las reuniones efectivas son un medio importante de obtener retroalimentación de los miembros del equipo. Una reunión efectiva involucra a los miembros del equipo y brinda una oportunidad para que expresen sus opiniones y presenten soluciones. Un ejemplo de retroalimentación obtenida a través de reuniones efectivas sería un líder que convoca una reunión de equipo para resolver un problema crítico, permitiendo que los miembros del equipo presenten opiniones, sugerencias y soluciones, lo que a su vez fomenta la resolución efectiva del problema.

Todas estas estrategias son esenciales para liderar efectivamente y pueden ser aplicadas en diferentes situaciones y contextos de liderazgo. Las habilidades de liderazgo efectivo se pueden desarrollar a través de la práctica y el compromiso constante con la mejora continua, lo que a su vez contribuirá a aumentar la confianza, la motivación y la productividad tanto del líder como su equipo.

Concluyamos que, el liderazgo efectivo es clave para el éxito de cualquier organización. Dependiendo del enfoque del liderazgo y el tipo de liderazgo adoptado, se pueden implementar diferentes estrategias para crear un ambiente de trabajo enfocado en el éxito y la innovación. Sin embargo, la clave para implementar un liderazgo efectivo es adaptarse a las necesidades de la organización y los equipos específicos y estar dispuesto a experimentar con diferentes estrategias para encontrar la combinación adecuada.

Referencias bibliograficas:

Bass, B. M., & Avolio, B. J. (1993). Transformational leadership and organizational culture. Public Administration Quarterly, 17(1), 112-121.

House, R. J. (1977). A 1976 theory of charismatic leadership. In J. G. Hunt and L. L. Larson (Eds.), Leadership: The Cutting Edge (pp. 189-207). Carbondale, IL: Southern Illinois University Press.

Lewin, K., Lippitt, R., & White, R. K. (1939). Patterns of aggressive behavior in experimentally created "social climates." The Journal of Social Psychology, 10(2), 271-299.

Northouse, P. G. (2018). Leadership: Theory and Practice (8th ed.). Thousand Oaks, CA: SAGE Publications.

Robbins, P. S., & Judge, T. A. (2017). Organizational behavior. New York: Pearson.

Covey, S. R. (1990). The 7 Habits of Highly Effective People. Simon and Schuster.

DuBrin, A. J. (2015). Leadership: Research Findings, Practice, and Skills. Cengage Learning

Cap.12

Coaching para Equipos de Alto Rendimiento

Las Fases del Desarrollo de un Equipo

Un equipo de alto rendimiento no se forma de la noche a la mañana. Hay varias fases por las que un equipo debe pasar para alcanzar su máximo potencial. Estas fases son: formación, tormenta, normalización y desempeño.

El modelo de las etapas de formación, tormenta, normalización y desempeño de un equipo fue desarrollado por Bruce Tuckman en 1965. Según este modelo, todas estas fases son necesarias e inevitables para que un equipo crezca, enfrente desafíos, resuelva problemas, encuentre soluciones, planifique el trabajo y entregue resultados.

Formación

Durante la fase de formación, los miembros del equipo se conocen y aprenden sobre el proyecto y sus objetivos. Es importante establecer una comunicación clara y definir roles y responsabilidades. El líder del equipo debe asegurarse de que todos los miembros del equipo comprendan el propósito del proyecto y cómo sus roles contribuyen al éxito de este.

Según *Bruce Tuckman*, psicólogo que desarrolló el modelo de las etapas de formación, tormenta, normalización y desempeño de un equipo, durante la fase de formación los individuos pueden sentirse ansiosos, curiosos o emocionados por comenzar. Sin embargo, buscarán al líder del equipo en busca de dirección.

Para ayudar a establecer roles y responsabilidades claras en un equipo, una herramienta útil es la matriz RACI (Responsable, Responsable de rendir cuentas, Consultado e Informado). La matriz RACI es una herramienta útil para aclarar roles y responsabilidades en un equipo. RACI son las siglas de Responsable, Responsable de rendir cuentas, Consultado e Informado.

- **Responsable (Responsible)**: Esta persona es responsable de completar la tarea o tomar la decisión. Puede haber más de una persona responsable en una tarea específica.

- **Responsable de rendir cuentas (Accountable)**: Esta persona es responsable de asegurarse de que la tarea se complete o que se tome la decisión. Solo debe haber una persona responsable de rendir cuentas por tarea.

- **Consultado (Consulted)**: Esta persona debe ser consultada antes de completar la tarea o tomar la decisión. Su opinión es importante y debe ser considerada.

- **Informado (Informed)**: Esta persona debe ser informada sobre el progreso o el resultado de la tarea o decisión. No necesita ser consultada ni tiene responsabilidad directa sobre la tarea.

Para crear una matriz RACI, puedes hacer una tabla con las tareas en el eje Y y los miembros del equipo en el eje X. Luego, puedes asignar las letras R, A, C o I a cada celda para indicar quién es responsable, responsable de rendir cuentas, consultado o informado para cada tarea.

La matriz RACI puede ayudar a aclarar roles y responsabilidades en un equipo y mejorar la comunicación y colaboración entre los miembros del equipo.

Una cita relevante sobre este tema es la siguiente: *"Cuando defines los roles del equipo, puedes ayudar a los compañeros de equipo a colaborar y trabajar en proyectos de manera más eficiente"*

Tormenta

La fase de tormenta es cuando surgen conflictos y diferencias entre los miembros del equipo. Es importante que el equipo aprenda a resolver estos conflictos de manera efectiva para poder avanzar. El líder del equipo debe fomentar una cultura de comunicación abierta y honesta para que los miembros del equipo puedan expresar sus preocupaciones y resolver los conflictos de manera constructiva.

Resolver conflictos en un equipo es una habilidad importante para mantener un alto nivel de desempeño. Aquí hay algunos pasos que puedes seguir para resolver conflictos en un equipo:

1. Identificar el problema: El primer paso para resolver un conflicto es identificar el problema subyacente. Esto puede requerir hablar con los miembros del equipo involucrados en el conflicto para entender sus perspectivas y preocupaciones.

2. Escuchar a todas las partes: Es importante escuchar a todas las partes involucradas en el conflicto y permitirles expresar sus opiniones y preocupaciones. Esto puede ayudar a identificar las raíces del problema y encontrar una solución que funcione para todos.

3. Buscar una solución mutuamente beneficiosa: Una vez que se han identificado las raíces del problema, el siguiente paso es buscar una solución que beneficie a todas las partes involucradas. Esto puede requerir compromiso y flexibilidad por parte de todos los miembros del equipo.

4. Implementar la solución: Una vez que se ha encontrado una solución, es importante implementarla de maneraefectiva. Esto puede requerir cambios en la forma en que el equipo trabaja o en la forma en que se comunican entre sí.

5. Seguir adelante: Finalmente, es importante seguir adelante después de resolver un conflicto. Esto puede requerir perdonar y olvidar cualquier daño causado durante el conflicto y enfocarse en trabajar juntos para alcanzar los objetivos del equipo.

Normalización

Una vez que los conflictos se han resuelto, el equipo entra en la fase de normalización. Durante esta fase, los miembros del equipo aprenden a trabajar juntos de manera efectiva y a confiar unos en otros. El líder del equipo debe continuar fomentando una cultura de comunicación abierta y colaboración para asegurarse de que el equipo siga trabajando bien juntos.

Por ejemplo, imagine un equipo que ha tenido conflictos debido a diferencias en la forma en que los miembros del equipo abordan las tareas. Después de resolver estos conflictos mediante la comunicación abierta y el compromiso, el equipo entra en la fase de normalización. Durante esta fase, los miembros del equipo aprenden a valorar y respetar las diferencias en los estilos de trabajo y a colaborar de manera más efectiva.

El líder del equipo puede fomentar esta colaboración alentando a los miembros del equipo a compartir sus ideas y opiniones y a trabajar juntos para encontrar soluciones. También puede establecer procesos y herramientas para mejorar la comunicación y la colaboración, como reuniones regulares de equipo o herramientas de gestión de proyectos en línea.

Al fomentar una cultura de comunicación abierta y colaboración, el líder del equipo puede ayudar al equipo a trabajar juntos de manera más efectiva y a alcanzar sus objetivos.

Desempeño

Finalmente, el equipo llega a la fase de desempeño. Durante esta fase, el equipo trabaja de manera eficiente y efectiva para alcanzar sus objetivos. El líder del equipo debe continuar monitoreando el progreso del equipo y proporcionar feedback y coaching para ayudar al equipo a mantener su alto nivel de desempeño.

En esta etapa, los roles en el equipo pueden haberse vuelto más fluidos, con los miembros asumiendo varios roles y responsabilidades según sea necesario. Las diferencias entre los miembros son apreciadas y utilizadas para mejorar el desempeño del equipo .

Un ejemplo de estrategia que puede ayudar a mantener el alto nivel de desempeño del equipo es establecer procesos y herramientas estructuradas para mejorar la comunicación y la colaboración. Esto puede incluir reuniones regulares de equipo para revisar el progreso y discutir cualquier problema o desafío, así como herramientas en línea para compartir información y coordinar el trabajo.

Otra estrategia efectiva es proporcionar oportunidades regulares para el feedback y el coaching. Esto puede incluir sesiones individuales o en grupo con un coach externo o interno, así como oportunidades para que los miembros del equipo proporcionen feedback constructivo entre sí.

La Pirámide de las Necesidades de Maslow y la Curva de Rendimiento

La pirámide de las necesidades de Maslow es una teoría que explica cómo las necesidades humanas influyen en nuestro comportamiento.

Según Maslow, hay cinco niveles de necesidades: fisiológicas, seguridad, amor y pertenencia, estima y autorrealización.

La curva de rendimiento muestra cómo el rendimiento de un individuo o un equipo cambia con el tiempo. Al principio, el rendimiento puede ser bajo mientras el individuo o el equipo aprende y se adapta. Con el tiempo, el rendimiento aumenta hasta alcanzar un pico. Después del pico, el rendimiento puede disminuir si no se toman medidas para mantener

Es importante tener en cuenta la pirámide de las necesidades de Maslow al trabajar con equipos de alto rendimiento. Si las necesidades básicas (fisiológicas y seguridad) no están satisfechas, será difícil para los miembros del equipo concentrarse en sus tareas y alcanzar su máximo potencial. Además, si los miembros del equipo no sienten que pertenecen al grupo o que son valorados (amor y pertenencia y estima), es posible que no estén motivados para trabajar duro y alcanzar sus objetivos.

El líder del equipo debe trabajar para asegurarse de que todas las necesidades básicas estén satisfechas y fomentar una cultura en la que los miembros del equipo se sientan valorados y apreciados. Esto puede ayudar a mantener el rendimiento del equipo en un nivel alto.

Coaching para Equipos de Alto Rendimiento

El coaching para equipos de alto rendimiento es una herramienta importante para ayudar a las personas a trabajar juntas de manera efectiva. En la actualidad, sacar lo mejor de un equipo puede ser aún más difícil debido a factores como la movilidad global, la diversidad de los equipos y la naturaleza cambiante de los equipos y proyectos.

John Whitmore, un reconocido autor y experto en coaching, ha señalado que el coaching desempeña un papel crucial en el apoyo al líder del equipo. Según Whitmore, los líderes tienen dos funciones principales: lograr que el trabajo se haga y contribuir al crecimiento de su equipo. Sin embargo, con demasiada frecuencia, los líderes están tan ocupados con la primera función que se olvidan de la segunda.

El coaching puede ayudar a los líderes a equilibrar estas dos funciones y a fomentar el desarrollo y el crecimiento de su equipo. En lugar de centrarse únicamente en cuantificar y medir los resultados, el coaching puede ayudar a los líderes a enfocarse en el potencial, el futuro, la visión, la innovación y el crecimiento.

Por ejemplo, un coach puede trabajar con el líder del equipo para ayudarlo a desarrollar habilidades de liderazgo efectivas. También puede trabajar con los miembros individuales del equipo para ayudarlos a desarrollar habilidades específicas que les permitan contribuir más eficazmente al éxito del proyecto.

Además, un coach puede ayudar al equipo a resolver conflictos y mejorar la comunicación entre los miembros del equipo. Esto puede ayudar al equipo a trabajar más eficientemente juntos y alcanzar sus objetivos más rápidamente.

Rendimiento por Proyectos

El rendimiento por proyectos se refiere a cómo un equipo trabaja en un proyecto específico. Es importante establecer objetivos claros y medibles para cada proyecto y evaluar regularmente el progreso del equipo.

El líder del equipo debe trabajar con los miembros del equipo para definir objetivos claros y realistas para cada proyecto. También debe monitorear regularmente el progreso del equipo y proporcionar feedback y coaching para ayudar al equipo a mantenerse en el camino correcto.

Además, es importante celebrar los éxitos del equipo y reconocer el trabajo duro de los miembros del equipo. Esto puede ayudar a mantener la motivación del equipo y fomentar una cultura de alto rendimiento.

Cómo Fomentar una Cultura de Coaching en los Equipos

Para fomentar una cultura de coaching en los equipos, es importante que los líderes den ejemplo y promuevan el desarrollo personal y profesional. También es importante proporcionar oportunidades para que los miembros del equipo reciban coaching y feedback regularmente.

El líder del equipo debe trabajar para desarrollar sus propias habilidades de liderazgo y coaching. También debe fomentar una cultura en la que el desarrollo personal y profesional sea valorado y promovido.

Además, es importante proporcionar oportunidades para que los miembros del equipo reciban coaching y feedback regularmente. Esto puede incluir sesiones de coaching individuales o en grupo, así como oportunidades para recibir feedback de otros miembros del equipo.

Fomentar una cultura de coaching en los equipos puede ayudar a mejorar el rendimiento del equipo y alcanzar sus objetivos más rápidamente. Aquí hay algunas maneras en las que puedes fomentar una cultura de coaching en tu equipo:

1. Dar el ejemplo: Como líder del equipo, es importante que des el ejemplo y promuevas el desarrollo personal y profesional. Esto puede incluir buscar oportunidades para mejorar tus propias habilidades y compartir tus experiencias con el equipo.

2. Proporcionar oportunidades para el coaching y el feedback: Es importante proporcionar oportunidades regulares para que los miembros del equipo reciban coaching y feedback. Esto puede incluir sesiones de coaching individuales o en grupo, así como oportunidades para recibir feedback de otros miembros del equipo.

3. Fomentar el desarrollo personal y profesional: Fomentar una cultura en la que el desarrollo personal y profesional sea valorado y promovido puede ayudar a mejorar el rendimiento del equipo. Esto puede incluir proporcionar oportunidades para que los miembros del equipo asistan a capacitaciones o conferencias, o asignarles proyectos desafiantes que les permitan desarrollar nuevas habilidades.

4. Reconocer y celebrar los éxitos: Reconocer y celebrar los éxitos del equipo y de los miembros individuales del equipo puede ayudar a fomentar una cultura de alto rendimiento. Esto puede incluir reconocer públicamente el trabajo duro de los miembros del equipo o celebrar los logros del equipo.

Y con esto, terminamos este viaje por las claves para alcanzar el éxito en un proceso de Coaching Ejecutivo. Estoy totalmente seguro que si interiorizan cada una de ellas, tendrán un magnífico y eficiente proceso.

Muchas gracias.

Buen viaje y buen proceso.
Carlos Díaz Salamanca
Santa Cruz de Tenerife. Julio 2023

Notas

Notas

Notas

Notas